北京联合大学“高参小”项目

快乐体操

唐红斌　金逵　主编

北京体育大学出版社

策划编辑：吴　珂
责任编辑：吴　珂
责任校对：凯　瑞
版式设计：李　鹤

图书在版编目（CIP）数据

快乐体操 / 唐红斌，金逵主编. -- 北京：北京体育大学出版社，2018.6
ISBN 978-7-5644-2953-9

Ⅰ. ①快… Ⅱ. ①唐… ②金… Ⅲ. ①体操－小学－教学参考资料 Ⅳ. ①G624.83

中国版本图书馆CIP数据核字(2018)第133281号

快乐体操　　**唐红斌　金逵　主编**

出版发行：北京体育大学出版社
地　　址：北京市海淀区农大南路1号院2号楼4层办公B-421
邮　　编：100084
网　　址：http：//cbs.bsu.edu.cn
发 行 部：010-62989320
邮 购 部：北京体育大学出版社读者服务部 010-62989432
印　　刷：北京虎彩文化传播有限公司
开　　本：710mm×1000mm　1/16
成品尺寸：170mm×240mm
印　　张：7.75
字　　数：142千字
版　　次：2018年6月第1版
印　　次：2019年11月第1次印刷
定　　价：30.00元

丛书编委会

本书编委会

前　言

近年，北京市小学阶段生源数量呈现明显上升趋势，为破解“入学难”“择校热”“质量不均衡”等难题，提升普通学校办学水平，北京市通过高校、社会力量参与小学体育美育特色发展工作（简称“高参小”），打破高校与小学“关门办学”的“高墙”，促进校际互动，提升教育均衡。截至目前，已有140余所小学与高校、艺术院团和艺术机构、体育俱乐部等构成“对子”，在融合教学、课外活动、互动教研等方面取得了初步成效。

“高参小”项目进一步加强高校与中小学生的联系与合作，帮助中小学开展特色发展和建设，形成向真、向善、向美、向上的育人氛围，形成小学教育质量的新均衡，该项目的开展能够推动和引导义务教育阶段小学音乐、体育、文艺工作科学、有序地发展，帮助中小学在音、体、美等方面构成体系，具备能力，全面提升素质教育的能力、提高学校的办学水平和教育质量，因此具有非常重要的意义。

为进一步深化北京高校、社会力量参与北京市小学体育、美育发展工作内涵，积极推动“高参小”项目深入发展，北京联合大学体育团队通过分析美国学校的体育改革计划的真实案例及百项科学研究成果，对约翰·瑞迪、埃里克·哈格曼在《运动改造大脑》提出的科学理念进行了实践内容的注入，让学生、家长、教师了解到运动不仅能健身、锻炼肌肉，还能锻炼大脑。丹麦葛莱体育学院倡导的“游戏就是生活，让我们打造积极的生活方式”这一教学理念特别适合学前体育和小学体育课程，让孩子在快乐中自发地享受体育运动，为此，北京联合大学体育团队经过开课前深入的调查研究，将最前沿的运动课程与我国小学教学的实际现状进行了合理的调整与融合，通过国内业界顶级教师团队的专项技术与理论优势，推出《快乐艺术体操》《快乐啦啦操》《快乐踏板操》《快乐足球》《快乐体操》五种深受少年儿童喜欢的项目教材。本套教材以“新”“活”“奇”为特点，从学生的接受能力出发，以深入浅出的教学方法，达到培养学生参与体育锻炼、探索和学习体育项目技能兴趣的目的。

未来，北京联合大学体育团队将推出更多优秀体育课程案例与教材，融入北京市教委高校、社会力量参与小学体育、美育发展工作教育教学改革的活动中，让创新的课程设计与小学生的年龄特点相结合，通过运动塑造学生的心智，让孩子更聪明、更强壮、更快乐、更幸福！

此外，要特别感谢中国体操协会、北京市海淀区体操健美操协会、北京师范大学、北京体育大学、北京农业大学的专家在该套书的编撰过程中给予的大力支持与帮助！

目　录

第一章
认识快乐体操

第一节　什么是快乐体操

一、快乐体操标识介绍

快乐体操标识（图1-1）的创意源自“绽放的花朵”和“舞动的体操选手”；造型设计为一束简约美丽的花朵，花蕊中暗藏体操选手的身姿，传达出快乐体操的特征与本质；同时将快乐的英文单词“happy”首字母融入花蕊之中，体现出快乐体操以“快乐”为主要中心思想，注重青少年在积极乐观的基础上健康快乐地成长；Logo整体优美大方，很好地传达出快乐体操的精神。

快乐体操
RECREATIONAL GYMNASTICS

图1-1 快乐体操的标识

二、快乐体操的概念

快乐体操的理念在伦敦奥运会之后才逐渐被提及，在此后的几年时间里，对于快乐体操一词，在意义的广狭上、在侧重的方面上，广大体操界人士分别从不同角度和层面对快乐体操的概念进行了阐释，但到目前为止，对快乐体操概念所下的定义尚未达成统一的意见。快乐体操属于体操范畴，对于它的概念有不同的见解和看法，目前对快乐体操概念的定义多集中于练习者的情绪体验层面。在综合归纳各种观点的基础上，本书认为快乐体操的定义可以这样表述：快乐体操是指在体操的范畴内，徒手或借助器械进行身体练习，它将身体锻炼、音乐、舞蹈等多样化的体操练习手段有机结合起来，让参与者在发展一般身体能力的同时感受到快乐的情绪体验。

三、快乐体操的基本特点

（一）大众性和非竞技性

快乐体操的大众性是指参与对象的广泛性。在这一点上它与竞技体操有着本质的不同。竞技体操的参与者通常是教练员或科研人员通过科学的测试和预测方法挑选出来的，具有良好运动天赋及竞技潜力的儿童少年或后备力量，其训练的最终目的是在所从事的专项中获取优异的运动成绩，得到社会的认可，而快乐体操则是面向大众的，对它的参与者没有特定的要求，只要喜欢都可以参与到快乐体操运动中来，它不像竞技体操那样追求竞技性，其普及目的在于让参与者快乐地参与体操运动。

（二）趣味性和娱乐性

快乐体操教学内容丰富，动作各异，有许多动作是根据动物的形象创造出来的，例如猩猩爬、熊猫滚动等，还有许多动作是根据大自然中其他形象创造出来的，例如圆木滚动等。这些快乐体操动作生动形象，非常契合孩子的心理特征和年龄特征，具有很强的趣味性和娱乐性。

（三）灵活性和多样性

快乐体操教学注重教学方法的灵活性和多样性。孩子身心发展，在一定年龄阶段上具有一定的稳定性和普遍性。但是，由于每个人的生理素质、环境和教育经历，以及主观努力诸方面的差异，每个年龄阶段中的每个孩子的身心发展水平又表现出其特殊性和差异性。由于快乐体操的参与对象是普通大众，参与对象的多样性和差异性决定了快乐体操必须有灵活多样的教学方法与之相适应。

（四）安全性和多彩性

快乐体操器材与传统体操器材有着很大的不同，例如在高度方面，前者使用的平衡木的宽度为15厘米，而不是传统器材规定的10厘米。此外，快乐体操使用的器材色彩多样、柔软度增加，完全是根据孩子的心理和年龄特点设计的（图1-2）。

图1-2 快乐体操使用的器材

（五）游戏化和自觉化

快乐体操的教学过程讲究游戏化和自觉化。快乐体操的教学对象主要是普通的儿童和青少年（图1-3），他们的身心发展还未成熟，所以快乐体操的教学过程更多的是以游戏化为主，来吸引练习者积极地、自觉地参与到快乐体操运动中，这是由练习者身心发展的规律决定的。

图1-3 教学对象以儿童及青少年为主

第二节 快乐体操在世界的发展

快乐体操在欧美国家是颇受欢迎的运动项目，比如美国、英国和加拿大等。美国人整体热爱体育，也崇尚体育，每个孩子都有自己喜欢或者擅长的体育运动，很多美国孩子会选择体操作为自己的体育运动项目，这似乎成了美国的一种文化现象。在美国民众心目中，体操像钢琴、绘画一样，是培养孩子兴趣爱好的一个重要选项，而且体操也像钢琴一样是有等级考试的，进大学的时候可以作为体育特长申请加分，如果练到一定水平就能当体育生，可以进更好的大学。

据统计，美国现约有3.19亿人口，其中注册体操运动员人数就达10万人，参与业余体操训练的人数多达520万人。他们练习体操完全是出于个人爱好，每天训练1~2个小时，有限的训练时间也不会让人感到乏味，同时体操也是他们向同学展示才能的极好方式，因此美国人练习体操的热情持续不减。全美有4000多个体操俱乐部，教练也有3000多人，俱乐部以营利为目的，想练体操的孩子必须自己花钱去玩去练，教练会手把手教授体操技能。另外，全美每年会举办4000多场比赛，参赛人口约占全国人口的8%，参赛者可以通过多种途径报名参赛。目前，快乐体操运动在美国的发展已经具有了良好的群众基础和科学认知，并已顺利实现产业化。

快乐体操在加拿大也拥有良好的群众基础。加拿大现有人口3500多万，全国有700多个体操俱乐部，参与快乐体操运动的人数达到了将近30万，各级别的教练人数达到了9790人。快乐体操是加拿大儿童和青少年选择运动项目时的主要选项。2013年在中国常州创办的中国首家非竞技全民体操俱乐部“英士博”体操俱乐部就来源于加拿大，它所创造的“快乐体操”新理念、新方式、新思路和新模式，在中国体操界产生的影响已经越来越大，并将继续影响我国体操的创新化和多元化发展。

再来看看我们的邻国日本。日本现有1.27亿人口，体操人数相对充足，全日本体操俱乐部超过了100家，仅男子体操选手就有6000人左右，已是我国在体操协会注册人数的2倍。他们结合中美所长，通过业余体操俱乐部提高民众在体操上的参与度，然后从中挑选苗子接受专业训练、参加比赛。这种俱乐部模式在日本的运动员培养模式中发挥着举足轻重的作用，例如日本男队主力队员白井健三就是通过这种模式培养出来的。

第三节　快乐体操在中国的发展

快乐体操在我国的产生与发展有其深刻的历史背景与现实需求。早在20世纪五六十年代，体操风靡一时，几乎每所中学都开设体操课。然而现在面临的现实是，学校和家长普遍心存顾虑，双重因素导致了体操在中小学的推广步履维艰。其次，体操后备人才储备不足。体操在国内的普及程度远不如国外，据统计，目前全国约有150所省、市体操学校，有7000多名进行体操业余训练的孩子，但目前在中国体操协会快乐体操推广委员会注册的快乐体操俱乐部只有25所（截至2016年1月19日），在中国体操协会注册运动员人数大约只有3000人，优秀体操运动员只有485人，即使全国性比赛，报名的运动员最多也就100多人。中国体操队教练王群策曾透露，目前国内有体操队的省市只有十多个，体操后备人才储备严重不足，面临着人才断层的危险。另外，全民健身计划的实施为快乐体操的快速发展提供了新的契机。2014年10月2日国务院印发的《关于加快发展体育产业促进体育消费的若干意见》（以下简称《意见》）指出，我国将营造一个重视体育、支持体育、参与体育的社会氛围，将全民健身上升为国家战略，极大程度地提高人民群众的生活品质，提高人民群众的健康水平。《意见》明确指出，到2025年，我国经常参加体育锻炼的人口力求达到5亿，约占我国总人口的三分之一。群众体育是我国体育发展的主旋律，要想把这支主旋律演奏好，扩大竞技体育群众基础是关键。

为了消除社会大众对体操的误解和顾虑，缓解未来体操人才供给矛盾，扩大群众体育基础，2012年伦敦奥运会之后中国体操运动管理中心提出了快乐体操的新理念。2014年7月5—7日，国家体育总局体操运动管理中心联合八一体操队举办了全国首届快乐体操教练员和裁判员培训班，为期3天，共有来自全国各省市体育局体操中心、少体校、小学、幼儿园、体操俱乐部和北京体育大学的共计370余名教练、老师和同学参加了此次培训，由此拉开了向全国推广的序幕。2014年12月21日，由国家体育总局体操运动管理中心和中国体操协会主办的“2014年青少年快乐体操高层论坛暨首家快乐体操俱乐部教学示范点英士博授牌仪式”在江苏省常州市成功举行，开辟了快乐体操在我国科学发展的新局面。2014年12月26—28日，全国首届快乐体操比赛首次在广州花都体育馆举行，共有来自全国14省市40多支代表队参加了比赛（图1-4）。2015—2016年宜宾、佛山、广州、济南、仙桃、深圳、北京等地也相继举办了一系列区域性或全国性的分站赛，与此同时，体操运动管理中心还在常州、北京、深圳、武汉等地开办了一系列快乐体操辅导员培训班和初级教练培训班，为快乐体操的发展提供人才支撑。经过近几年不断的实践和探索，体操运动管理中心制定了《快乐体操等级锻炼标准》，编写了《快乐体操等级锻炼标准教法指导》，拍摄了全国快乐体操等级规定动作演示视频， 以此来推进快乐体操的普及，促进体操由小众走向大众，由纯竞技向健身娱乐促竞技的方向发展，同时也有利于实现体操的创新发展和多元化发展，为我国选拔更加优秀的体操人才提供更多的渠道，为构建新的四级后备人才培养体系提供更多可能性，从根本上推动我国体操事业的可持续发展。相信在不久的将来，快乐体操理念将会深入人心，快乐体操之花将会开遍祖国大江南北。

图1-4 全国首届快乐体操比赛现场

第四节　快乐体操走进校园

举国体制为我国培养了大量的体育人才，但随着时代的发展，这种体制已经不能完全适应时代的发展和要求，尤其是体操这个项目。我国是竞技体操强国，但体操人口基数偏少、基础薄弱的现实，严重制约着我国体操事业的发展，同时体操所具有的健身娱乐功能也未得到很好的发挥。快乐体操正是在这一背景下，摈弃传统体操训练“苦、累、伤”模式，以创新理念树立“趣味、快乐、健康”的新形象。

榕江县是贵州省体操之乡，体操运动在这片土地上具有深厚的底蕴。这里曾培育出林莉、肖莎、杨胜超、刘榕冰等全国和世界冠军，涌现的一批优秀体操运动员，在国内外体操比赛中摘取奖牌600余枚。2014年12月10日下午，榕江县体操类项目进校园启动授牌仪式在县体育馆举行，榕江县一中、二中，古州一小、二小、民族中学以及县幼儿园等16所中小学及幼儿园被命名为体操类项目进校园首批示范校园，在课程安排上每周每班必须保证有一节体操课，让学生进行体操活动。在开展试点的基础上，“体操进校园”逐步在全县中小学、幼儿园开展，让更多的孩子享受到快乐体操带来的乐趣。

2014年4月10日，北京市教委下发了《北京市教育委员会关于高等学校、社会力量支持中小学体育、美育特色发展工作的通知》（以下简称《通知》），确定北京地区20所高等学校、社会力量首批参与13个区县143所小学的体育、美育工作，简称“高参小”工作。例如北京联合大学与北京市第171中学附属青年湖小学等7所小学签约合作，北京体育大学与东北旺中心小学等5所小学签约合作，首都体育学院与和平里一小等5所小学签约合作，等等。在这些签约合作的小学中，快乐体操作为一个特色项目进入了校园，进入了部分小学的体育课堂。《通知》显示，“高参小”工作第一轮合作年限为2014—2020年，在课程安排上，快乐体操首先在一年级开展，每个班级每周安排一节体操课，实行班级滚动式教学模式，最终惠及小学所有年级，根据年级不同，体操课的内容和难度也会有所不同。甚至在个别小学还设有快乐体操社团，来满足快乐体操爱好者进一步学习的需要。这种高校参与小学体操课程教学的创新模式有效地促进了快乐体操在小学的开展，有利于学生更好地了解和体验体操，最终积极主动地参与到体操运动中。

2016年2月29日，佛山市禅城区教育局与北京体育大学、国家体育总局体操运动管理中心三方签约共建快乐体操推广实践基地（图1-5），目前禅城区是全国首个快乐体操推广实践基地。禅城区将联手佛山市李宁体操学校，全力推进“快乐体操进校园”项目，使体操成为提升学生综合素质的切入口。建设快乐体操推广实践基地，是扩大我国体操人口基数、转变体育发展方式的有效途径，是推动我国由体育大国走向体育强国的有力保证。

图1-5 快乐体操推广实践基地签约现场

快乐体操进校园是促进我国体操事业持续健康发展的必由之路。传统体操之乡的引领，高校参与小学体操教学的尝试，快乐体操推广基地的建设等多种发展方式将会形成一股强大的合力推动快乐体操进校园的步伐，让更多的学生参与到快乐体操这项运动中来，享受到快乐体操运动所带来的乐趣。

第二章 快乐体操的教学内容

第一节 蹦床练习

一、双臂下垂跳（冰棍跳）

【练习目的】发展空中平衡能力和下肢跳跃能力。

【练习方法】练习者站在蹦床上，两手自然贴紧大腿两侧。两膝微屈发力，身体保持正直，借助蹦床的弹性，连续跳起。重复同样动作10~15次，最后一次落下时微屈膝，双臂前平举，站稳后两臂侧平举结束（图2-1）。

图2-1 双臂下垂跳

【练习要求】每次跳起离网高度不少于10厘米。空中时两手自然贴紧大腿两侧，身体要有明显的控制表现，落网时微屈膝缓冲。

【教学组织】

1. 教师示范、规定每组完成数量后，学生开始轮流练习，1张中型儿童蹦床可以2个人面对面或并列同时进行练习，以增加练习密度。

2. 同时可安排另一练习，例如在地面并腿跳，由学生数20次自觉完成，模仿蹦床上的练习动作，这也同样增强了课堂练习密度。

3. 如果学校有2张蹦床，可采用竞赛方式调动练习积极性，例如，以2人为一组，看谁完成得又高又稳。

【安全提示】

1. 学生4人一组上蹦床练习前，严格规定每个人的站位，学生上蹦床后在规定的位置站好，没有教师的口令不允许乱蹦乱跳。

2. 学生上蹦床练习时，教师要反复强调控制身体、做原位置的冰棍跳。

3. 首次蹦床课重点练习多名学生在蹦床上的统一起跳和结束的动作。

4. 蹦床上的练习要求蹦床上所有的学生根据口令（哨声）统一做起跳和结束的动作。

二、前后分腿跳

【练习目的】发展空中平衡能力和四肢协调能力。

【练习方法】练习者两膝微屈发力，身体保持正直，借助蹦床的弹性跳至空中前后分腿，两臂侧平举，并腿落网，再次跳至空中前后分腿，并腿落网。重复同样动作10~15次，最后一次双脚落网，微屈膝缓冲，双臂前平举，站稳后侧平举站立结束（图2-2）。

图2-2 前后分腿跳

【练习要求】

1. 每次跳起离网高度不少于10厘米，空中分腿时不屈膝。身体要有明显的控制表现。

2. 学生上蹦床练习时，教师要反复强调控制身体、做原位置的前后分合跳。

【教学组织】

1. 教师示范、规定每组完成数量后，学生开始轮流练习。1张中型儿童蹦床可以2个人并列同时进行练习，以增加练习密度。

2. 其余学生可安排另一练习，模仿蹦床上的练习动作，在地面的前后开合跳，由学生数20次自觉完成，这也同样增强了课堂练习密度。

3. 可采用竞赛方式调动练习积极性，例如，以2人为一组，看谁完成得稳。

【安全提示】

1. 考虑到部分学生跳起高度有限，所以空中分腿开度不需要太大，以保证双脚落网前能够并拢。

2. 按照规定的蹦床位置站位站好，要求2张蹦床上所有的学生根据口令（哨音）统一起跳和结束。

3. 3~4名学生上蹦床练习时教师要反复强调身体控制、做原位置的分合跳，不要跳到旁边同学的区域造成干扰。

三、叉腰跳

【练习目的】发展空中平衡能力和下肢弹跳能力。

【练习方法】练习者站在蹦床上，两手叉腰。两膝微屈，身体保持正直，借助蹦床的弹性脚踝发力，连续跳起。重复同样动作10~15次，双脚落网后侧平举站立结束（图2-3）。

图2-3 叉腰跳

【练习要求】每次跳起离网高度不少于10厘米，脚踝用力，身体要有明显的控制表现，落网时并腿微屈膝。

【教学组织】

1. 教师示范、规定每组完成数量后，学生开始轮流练习。1张中型儿童蹦床可以2个人面对面或并列同时进行练习，以增加练习密度。

2. 同时可安排另一练习，例如在地面的并腿跳，由学生数20次自觉完成，模仿蹦床上的脚踝用力动作，这也同样增强了课堂练习密度。

3. 如果有2张蹦床，可采用竞赛方式调动练习积极性，例如，以2人为一组，看谁完成得又高又稳。

【安全提示】

1. 按照规定的蹦床位置站位站好，听到教师的口令后开始练习。

2. 学生上蹦床练习时，教师要反复强调控制身体、做原位置的叉腰跳。

3. 提醒学生注意控制脚踝用力。

4. 要求2张蹦床上所有的学生根据口令统一做起跳和结束的动作（建议让学生自

己喊口令或口号）。

四、向侧分腿跳

【练习目的】发展空中身体平衡能力和四肢协调能力。

【练习方法】练习者站在蹦床上，两手自然下垂于大腿两侧。两膝微屈发力，身体保持正直，借助蹦床的弹性跳至空中向侧分腿，两臂侧平举或前平举，并腿落网，两臂自然回到下垂。重复同样动作10~15次，最后一次双脚落网时微屈膝，双臂前平举，站稳后两臂前平举站立结束（图2-4）。

图2-4　向侧分腿跳

【练习要求】

1. 要求每次跳起离网高度不少于10厘米，空中分腿时不屈膝。

2. 学生上蹦床练习时，教师要反复强调控制身体、做原位置的分合跳。

【教学组织】

1. 教师示范、规定每组完成数量后，学生开始轮流练习。1张中型儿童蹦床可以2个人面对面同时进行练习，以增加练习密度。

2. 其余学生可安排另一练习，模仿蹦床上的练习动作，做地面的向侧开合跳，由学生数20次自觉完成，这也同样增强了课堂练习密度。

3. 如果有2张蹦床，可采用竞赛方式调动练习积极性，例如，以2人为一组，看谁完成得又高又稳。

【安全提示】

1. 考虑到学生跳起高度有限，所以空中分腿开度不需要太大，以保证双脚落网前能够并拢。

2. 学生按照规定的蹦床位置站位，要求2张蹦床上所有的学生根据口令（哨音）统一起跳和结束。

3. 3~4名学生上蹦床练习时，教师要反复强调身体控制、做原位置的分合跳，不要跳到旁边同学的区域造成干扰。

五、两臂上举跳

【练习目的】发展学生平衡能力和身体协调能力。

【练习方法】练习者站在蹦床上，两臂上举与肩同宽，两手五指并拢掌心向前。微屈膝发力向上跳起，连续完成5次，成微屈膝两臂前平举站稳结束（图2–5）。

图2–5 两臂上举跳

【练习要求】要求每次跳动时全身保持紧张，腹肌收紧，不能挺腹部。

【教学组织】

1. 教师示范，4名学生示范在1张蹦床上完成规定练习，然后安排学生分组轮流练习。使用2张中型蹦床，保证安全的同时以增加练习密度。

2. 可安排先在地面进行两臂上举跳的练习，例如几个孩子为一组，由学生自觉完成5次动作依次接力，增强趣味性以调动学生学习积极性，同时增强了课堂练习密度，尽量避免几个学生练习、太多学生观望的情况。

【安全提示】

1. 1张蹦床最多4名学生同时练习，每张蹦床相对比较安全的练习人数是1人、2人、4人。

2. 按照规定的蹦床位置站好，听到老师的口令后开始练习。

3. 教学过程中要求学生在地面练习两臂上举跳。

4. 学生上蹦床练习时，教师要反复强调控制身体、每一次落点尽量在原地。

5. 要求2张蹦床上的学生根据口令统一做开始和结束的动作（可以让学生自己喊口令或口号）。

六、跳转90°

【练习目的】发展学生平衡能力，以及空中转体时身体姿态控制能力。

【练习方法】练习者站在蹦床上，两臂下垂预跳2~3次，然后跳起的同时在空中转体90°后落在原地。再预跳2~3次，然后跳起的同时在空中转体90°后落在原地。重复完成4次左右，最后落下微屈膝站稳、两臂侧平举结束（图2–6）。

图2–6　跳转90°

【练习要求】

1. 要求每次跳动时全身保持紧张，腹肌收紧不能挺腹部。

2. 学生上蹦床练习时，教师要反复强调控制身体、做原位置的跳转。

【教学组织】

1. 教师示范，4名学生示范在1张蹦床完成规定练习，然后安排学生分组轮流练习。1张蹦床可2名学生同时练习，保证安全的同时以增加练习密度。

2. 可安排在地面模拟练习预跳3次接跳转90°。几个孩子为一组，由学生自觉完成4次跳转动作依次接力，增强趣味性以调动学生学习积极性，同时增强了课堂练习密度，尽量避免几个学生练习、太多学生观望的情况。

【安全提示】

1. 按照规定的蹦床位置站好，2张蹦床上的学生根据口令（哨声）统一开始和结束。

2. 教学过程中要求学生先在地面进行跳转90°的模拟练习。

3. 学生上蹦床练习时，教师要反复强调控制身体、每一次落点尽量在原地，不要跳到旁边同学的区域造成干扰。

七、带臂跳

【练习目的】发展学生空中身体控制力和平衡能力。

【练习方法】练习者站在蹦床上，两臂下垂跳预跳2~3次，然后每次跳起的同时两臂经身体两侧到上举位置，掌心向前。跳至最高点开始落下的同时顺势两臂经原路返回至大腿两侧，掌心向后。此时是在空中完成落臂动作，然后再触网落地，连续做5次（图2-7）。最后一次落下微屈膝，缓冲成两臂侧平举站稳结束。

图2-7　带臂跳

【练习要求】要求每次跳动至最高点下落时眼睛向下看落点，同时全身保持紧张，腹肌收紧不能挺腹部。

【教学组织】

1. 教师示范，4名学生示范在1张蹦床上完成规定练习，然后安排学生分2组或几组轮流练习。使用2个中型蹦床，保证安全的同时以增加练习密度。

2. 辅助练习安排在地面练习带臂跳连续5次，例如几个学生为一组，由学生自觉完成5次动作依次接力，增强趣味性以调动学生学习积极性，同时增强了课堂练习密度，尽量避免几个学生练习、太多学生观望的情况。

【安全提示】

1. 1张蹦床最多2名学生同时练习，每张蹦床相对比较安全的练习人数是1人、2人。

2. 按照规定的位置站好，听到老师的口令后开始练习。

3. 教学过程中要求学生在地面练习带臂跳连续5次。

4. 学生上蹦床练习时，教师要反复强调控制身体、每一次落点尽量在原地。

5. 要求2张蹦床上的学生根据口令统一做起跳和结束的动作（可让学生自己喊口令或口号）。

八、团身跳

【练习目的】发展学生平衡能力和空中转体的身体控制能力。

【练习方法】练习者站在蹦床上，两臂下垂跳或带臂跳预跳2~3次，然后每跳起1次同时在空中最高点前完成吸腿抱膝团身动作，在最高点快速打开身体同时两臂向后绕环落在原地，连续做5次（图2-8）。最后一次落下微屈膝缓冲，成两臂侧平举站稳结束。

图2-8 团身跳

【练习要求】要求每次跳起时全身保持紧张，腹肌收紧，打开时要快速同时两臂协调配合控制平衡。

【教学组织】

1. 教师示范，4名学生示范在1张蹦床上完成规定练习，然后安排学生分2组或几组轮流练习。使用2个中型蹦床，保证安全的同时增加练习密度。

2. 辅助练习安排为地面练习团身跳连续5次，例如几个学生为一组，由学生自觉完成5次动作依次接力，增强趣味性以调动学生学习积极性，同时增强了课堂练习密度，尽量避免几个学生练习、太多学生观望的情况。

【安全提示】

1. 1张蹦床最多2名学生同时练习，每张蹦床相对比较安全的练习人数是1人、2人。

2. 按照规定的位置站好，听到老师的口令后开始练习。

3. 教学过程中要求学生在地面练习团身跳，连续4次。

4. 学生上蹦床练习时，教师要反复强调控制身体、每一次落点尽量在原地。

5. 要求2张蹦床上的学生根据口令统一做起跳和结束的动作（建议让学生自己喊口令或口号）。

第二节　垫上练习

一、团身前后滚动（熊猫滚动）

【练习目的】发展学生的平衡能力和身体协调能力。

【练习方法】练习者坐在垫上，屈膝团身，双手抱紧小腿。向后滚动至头颈部触垫，然后腹肌用力带动上体向前滚动至屈膝团身坐。往返为一次，连续完成5次，成屈膝团身坐结束（图2-9）。

【练习要求】要求每次滚动尽量用大腿贴腹部，保持团身紧。滚动连贯圆滑，后滚和前滚之间连接尽量不停顿。

【教学组织】

1. 教师示范、规定每组完成数量后，学生开始同时练习或分几组轮流练习。1块中型体操垫可以2个人并列同时进行练习，以增加练习密度。

2. 可安排团身前后滚动游戏，例如几个孩子为一组，由学生自觉完成5次动作，依次接力，增强趣味性以调动学生学习积极性。

图2–9 团身前后滚动（熊猫滚动）

【安全提示】

学生练习时以及布置垫子时，前、后和左、右保持间距，避免学生相互磕碰。

二、直体侧滚（圆木滚动）

【练习目的】发展平衡能力和身体协调能力，锻炼感觉统合能力。

【练习方法】练习者双臂上举仰卧于垫上，双臂尽量贴近耳朵。向左（或向右）连续滚动5周结束（图2–10）。

【练习要求】要求每次滚动尽量使身体是一条“直棍”，减少收髋动作，保持在垫上一条直线滚动，滚动连贯圆滑，连接尽量不停顿。

图2-10 直体侧滚（圆木滚动）

【教学组织】

1. 教师示范、规定每组完成数量后，学生开始轮流练习。根据场地垫子数量条件，学生分几组依次进行练习，以增加练习密度。

2. 可安排直体侧滚游戏，例如5个孩子为一组，由学生依次自觉完成5周动作进行接力赛，完成得又快又好的一组获胜，增强趣味性以调动学生学习积极性，这也同样增强了课堂练习密度。

3. 向左或向右滚动方向不同，可以分别进行练习。

【安全提示】

学生练习时分组及垫子布置保持间距，依次练习时前后两人间隔2米左右距离，避免相互磕碰。

三、猩猩爬

【练习目的】发展四肢协调能力，锻炼上肢支撑能力。

【练习方法】练习者屈体俯撑在垫上，肘关节膝关节微屈，手脚交替支撑向前爬行约10米结束（图2-11）。

图2-11 猩猩爬

【练习要求】要求爬行时抬头看前方，保持臀部高于肩水平，手脚交替协调连贯，尽量快速通过。

【教学组织】

1. 教师示范、规定每组完成距离后，学生开始依次轮流练习，根据场地垫子条件分几组队同时进行练习，以增加练习密度。

2. 可安排爬行比赛游戏，例如5个孩子为一组，由学生自觉完成动作依次接力，完成得又快又好的一组获胜，增强趣味性以调动学生学习积极性。

【安全提示】

学生练习时分组以及垫子布置保持间距，依次练习时前后两人间隔2~3米，避免相互磕碰。

四、团身侧滚翻（驴打滚）

【**练习目的**】发展平衡能力和身体协调能力，锻炼自我保护能力。

【**练习方法**】练习者跪撑于垫上，滚动时顺势屈臂，团身低头，肩背部贴地面侧滚，向左（或向右）滚动至跪撑结束（图2-12）。

图2-12　团身侧滚翻

【**练习要求**】要求每次滚动动作保持团身低头，每滚动一次还原至跪撑姿势，连续侧滚5次。尽量保持在垫子的中线上滚动，滚动连贯圆滑，滚动之间连接减少停顿。

【**教学组织**】

1. 教师示范，规定每组完成数量后，学生开始轮流练习。可以依场地垫子数量条件，分几组同时进行练习，以增加练习密度。

2. 可安排团身侧滚翻游戏，例如几个孩子为一组，由学生依次自觉完成3次侧滚翻动作接力，完成得又快又好的一组获胜，增强趣味性以调动学生学习积极性。

3. 向左或向右滚动都可以进行练习。

【安全提示】

学生练习时分组及垫子布置保持间距，依次练习时前后两人间隔3米左右，避免相互磕碰。

五、分腿体前屈、并腿体前屈

【练习目的】发展下肢后群肌肉和背肌的柔韧能力。

【练习方法】

分腿体前屈：练习者分腿坐于垫上，上体前屈，双臂尽量向前伸，胸腹部尽量贴近垫面（图2–13）。

并腿体前屈：练习者并腿坐于垫上，上体前屈，双臂尽量向前伸，胸腹部尽量贴近大腿。

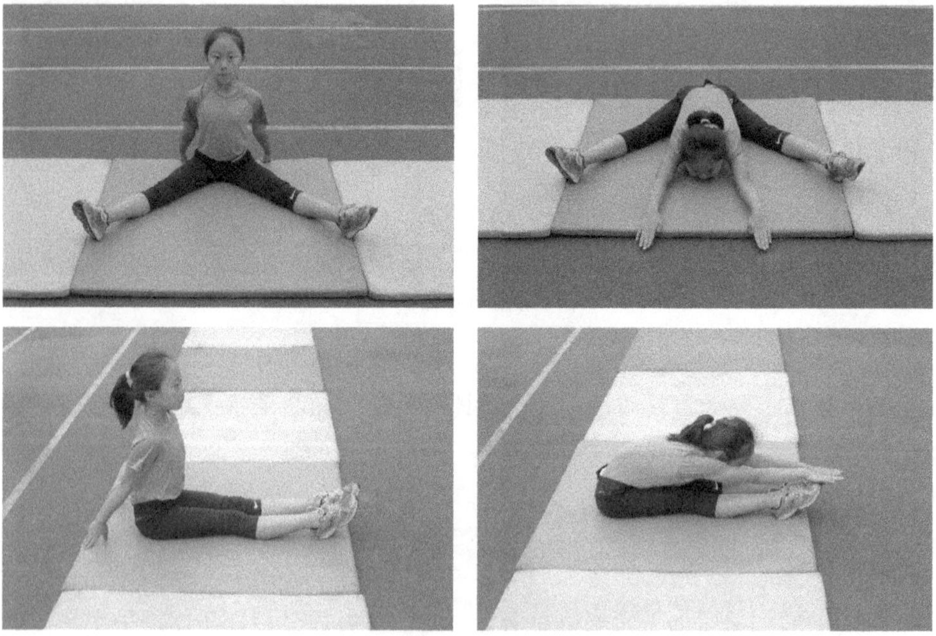

图2–13 分腿体前屈、并腿体前屈

【练习要求】

1. 体前屈时，膝关节尽量伸直减少弯曲，双臂尽量前伸。

2. 分腿体前屈胸腹部尽量贴近垫面，并腿体前屈腹部尽量贴近大腿。

【教学组织】

1. 教师示范、规定每组完成数量后，学生开始轮流练习。可以依场地垫子数量条件，同时或分组进行练习。

2. 可安排游戏以增强趣味性以调动学生学习积极性，例如：全体孩子体前屈集体大声数10秒，全体孩子体前屈，由教师扮“老鹰”飞过上空，身体体位高的会被“啄”后背。

【安全提示】

学生练习时分组及垫子布置保持间距，避免学生相互磕碰。

六、并腿俯撑15秒及并腿俯撑用脚背着地15秒

【练习目的】发展上肢支撑能力，锻炼躯干腹肌稳定控制能力。

【练习方法】地上俯撑，双臂直臂支撑，与肩同宽，五指分开手指朝前，梗头含胸收腹，直腰夹臀，双腿并拢，前脚掌着地（脚尖绷直用脚背着地），身体平直，保持静止不动（图2-14）。

【练习要求】双臂伸直支撑，双肩充分撑高，腰腹收紧，夹臀直腿，保持身体平直姿态。

图2-14 并腿俯撑15秒及并腿俯撑用脚背着地15秒

【教学组织】

1. 教师示范、讲解动作练习方法及要求。

2. 可集体同时进行练习，教师或学生集体读秒数。

【安全提示】

1. 教师可适当用手托在学生腹部，帮助其身体保持支撑平直姿态。

2. 集体练习时，注意保持学生相互间的距离。

七、并腿直体仰撑15秒

【练习目的】发展上肢支撑能力，锻炼躯干腰背肌静止控制力量。

【练习方法】仰撑，双臂直臂支撑与肩同宽，五指分开，手指适度朝外，梗头目视前上方，挺胸挺髋，直腰夹臀，双腿并拢脚跟着地，身体平直保持静止不动姿态（图2-15）。

图2-15 并腿直体仰撑15秒

【练习要求】上肢支撑充分撑高，肩角尽量打开，挺胸挺髋，保持身体平直。

【教学组织】

1. 教师示范、讲解动作练习方法及要求。

2. 可集体同时进行练习，教师或学生集体读秒数。

【安全提示】

1. 动作要求支撑时手指不可朝后，以减轻肘关节的负重。

2. 集体练习时，注意保持学生相互间的距离。

3. 教师可适当用手托在学生臀部，帮助其保持支撑直体姿态。

八、左右依次“倒手”5次（俯撑开始）

【练习目的】 发展上肢支撑力量，以及左右手臂协调用力支撑能力。

【练习方法】 直体并腿直臂俯撑开始，身体保持平直，左右移动身体重心，一只手单臂充分支撑，另一只手臂可直臂侧上举或屈臂摸耳朵，依次反复交替倒手推撑（图2-16）。

图2-16 左右依次“倒手”5次（俯撑开始）

【练习要求】 上肢支撑，充分撑高，保持身体俯撑成平直姿态，左右移动身体重心，推撑用力协调均匀。

【教学组织】

1. 教师示范、讲解动作练习方法及技术动作要求。

2. 可集体同时进行练习。

【安全提示】

1. 教师分腿站在学生背面，双手托在学生腹部，可适当用力帮助其左右移动重心支撑。

2. 集体练习时，注意保持学生相互间的距离。

九、屈体直腿俯撑（向前爬行5~8米）

【练习目的】发展上肢支撑力量，以及与身体协调用力支撑移动能力。

【练习方法】垫上体前屈，收腹屈体直腿分腿俯撑开始，手脚同方向依次向前爬行（图2-17）。

图2-17 屈体直腿俯撑（向前爬行5~8米）

【练习要求】上肢支撑，充分撑高，左右充分移动身体重心，手臂与腿部尽量伸直，移动时上肢与下肢用力协调配合，学生行进中需保持直线行进。

【教学组织】

1. 教师示范、讲解动作练习方法及技术动作要求。

2. 可集体分组同时进行练习。

3. 熟练后可采用分组接力的竞赛方式进行练习。

【安全提示】

1. 初学者不宜练习过长距离，应循序渐进。

2. 练习场地需平坦、整洁。

3. 集体练习时，注意保持学生相互间的距离。

十、收腹屈腿仰撑（向前爬行8米）

【练习目的】发展上肢支撑力量，以及与身体协调用力支撑移动能力。

【练习方法】收腹屈体仰撑开始，手脚同方向协调交替支撑向前爬行（图2-18）。

图2-18 收腹屈腿仰撑（向前爬行8米）

【练习要求】上肢支撑，充分撑高，左右充分移动身体重心，移动时手臂与身体用力协调配合，行进中眼看前方，需保持直线行进。

【教学组织】

1. 教师示范、讲解动作练习方法及技术动作要点。

2. 可集体分组同时进行练习。

3. 熟练后可采用接力或分组的竞赛方式进行练习。

【安全提示】

1. 初学者不宜练习过多，应循序渐进。

2. 练习场地需平坦、整洁。

3. 集体练习时，注意保持学生相互间的距离。

十一、收腹屈腿仰撑（向后爬行8米）

【练习目的】发展上肢支撑力量以及与身体协调用力支撑移动能力。

【练习方法】收腹屈体仰撑开始，手脚同方向依次向后爬行（图2-19）。

图2-19 收腹屈腿仰撑（向后爬行8米）

【练习要求】上肢支撑，充分撑高，左右充分移动身体重心，移动时手臂与身体用力协调配合行走。

【教学组织】

1. 教师示范、讲解动作练习方法及技术动作要求。

2. 可集体分组同时进行练习。

3. 可采用个人或分组的竞赛方式进行练习。

【安全提示】

1. 初学者移动速度不宜过快，练习应循序渐进。

2. 练习场地需整洁平坦、无障碍物。

3. 行进中需保持直线行走，学生相互间保持2~3米的距离，避免互相磕碰。

十二、原地直体跳转90°

【练习目的】发展学生弹跳力和空中的身体控制能力。

【练习方法】两脚并拢半蹲、两臂后下举开始。蹬地充分向上跳起的同时转体90°，同时两臂经体侧向前摆至上举（掌心相对）。落地时稍屈膝缓冲，同时两臂打开至侧举（图2-20）。

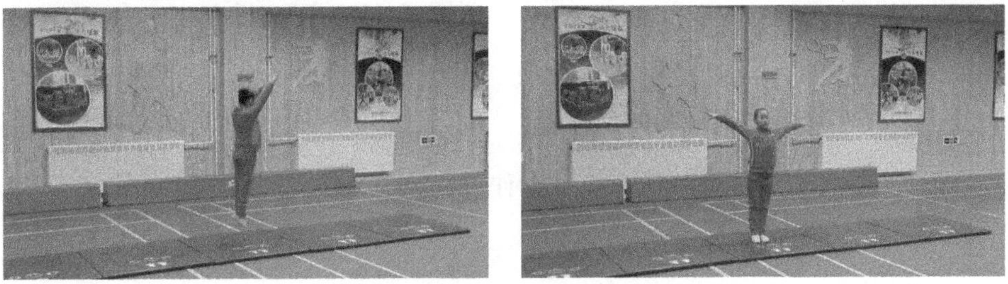

图2-20 原地直体跳转90°

【练习要求】要求跳得高、身体直、转体正、落地稳。

【教学组织】

1. 让学生排成体操队形进行练习。可采取集体练习与分组练习交替的形式。

2. 先教原地直体跳，再教原地直体跳转体90°。学会单个动作后，可尝试做2～4个连续的动作。

【安全提示】

1. 练习时要注意学生空中身体是否保持平衡，同时强调落地时要屈膝缓冲。

2. 注意练习场地的平整性，同时练习前充分热身，尤其是踝关节和膝关节。

十三、同手同脚侧向爬（螃蟹爬）

【练习目的】发展学生四肢协调能力和上肢支撑力量。

【练习方法】分腿屈体俯撑在垫上，同手同脚侧向爬行，8～10米为一趟。先学习一个方向的爬行，掌握后再学习另一个方向的爬行，两个方向的爬行都掌握后还可练习往返爬行，例如向左爬行3次后接着向右爬行3次为一组（图2-21）。

图2-21 同手同脚侧向爬（螃蟹爬）

【练习要求】要求四肢协调配合，动作连贯，方向正、速度快。

【教学组织】

1. 将学生分成人数相等的几组，同向进行练习；同组前一名学生爬行1～2块垫子时后一名学生俯撑准备，前一名学生爬行2～3块垫子时后一名学生开始爬行。

2. 动作熟练后可安排接力比赛，以提高学生的练习积极性，同时提高课堂练习密度和强度。

【安全提示】同一排垫子之间不能有缝隙，要对齐、铺直；每排垫子之间要保持一定的距离，避免练习时学生出现拥挤现象。

十四、原地直体跳转180°（×2次）

【练习目的】发展学生空中的身体控制能力和弹跳力。

【练习方法】两脚并拢半蹲、两臂后下举开始。充分蹬地向上跳起的同时转体180°。同时两臂经体侧向前摆至上举（掌心相对）；落地时稍屈膝缓冲，同时两臂打开至侧举（图2-22）。

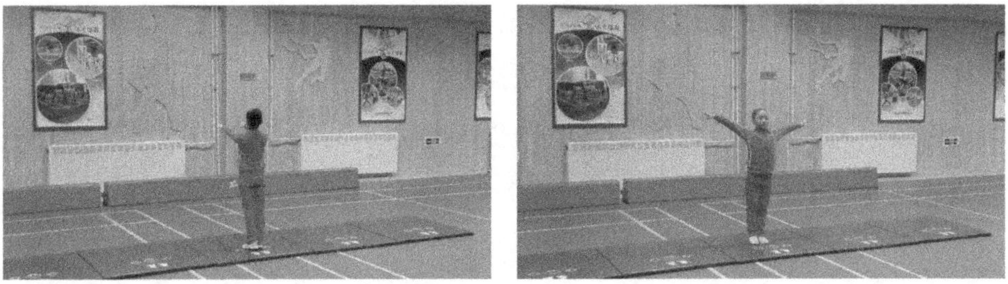

图2-22 原地直体跳转180°（×2次）

【练习要求】要求跳得高、身体直、转体正、落地稳、节奏好。

【教学组织】

1. 让学生排成体操队形进行教学，可采取集体练习与分组练习交替的形式。

2. 先复习原地直体跳和原地直体跳转体90°，然后再学习原地直体跳转体180°；学会单个的原地直体跳转体180°后，再学习原地直体跳转体180°×2次。

【安全提示】

1. 练习时要注意学生在空中时的身体是否保持平衡，同时强调落地时要屈膝缓冲，必要时可采取保护与帮助的手段。

2. 注意练习场地要平整，同时练习前充分热身，尤其是踝关节和膝关节。

十五、屈膝仰撑后退爬

【练习目的】发展学生四肢协调能力和上肢支撑力量。

【练习方法】练习者屈膝仰撑在垫上（两手、两脚与肩同宽），同手同脚后退爬行，8~10米为一趟（图2-23）。

图2-23 屈膝仰撑后退爬

【练习要求】要求四肢协调配合，动作连贯，方向正、速度快。

【教学组织】

1. 将学生分成人数相等的几组，同向进行练习。同组前一名学生爬行2~3块垫子时后一名学生仰撑准备，前一名学生爬行3~4块垫子时后一名学生开始爬行。

2. 动作熟练后可安排接力比赛，以提高学生的练习积极性，同时提高课的练习密度和强度。

【安全提示】同一排垫子之间不能有缝隙，要对齐、铺直；每排垫子之间要保持一定的距离，避免练习时出现拥挤现象。

十六、屈膝仰卧起坐

【练习目的】发展学生的腹肌力量。

【练习方法】练习者屈膝仰卧在垫上（两脚并拢），双手置于头后（抱头）；同伴蹲于练习者前面，双手握其踝关节帮助固定其双脚。由仰卧抱头姿势起上体至坐姿算完成一次（图2-24）。

图2-24 屈膝仰卧起坐

【练习要求】每次都需从屈膝仰卧抱头姿势（两手应当贴在地面上）开始，仰卧起坐至躯干为垂面算完成一次。

【教学组织】

1. 将学生分成两大组，一组练习，另一组协助练习（固定双脚）。完成一组后交换。

2. 学生按一定间隔和距离横卧在几排垫子上，集体进行练习。

【安全提示】

1. 练习者在向后仰卧时要注意控制速度，防止头、手撞击地面造成伤害事故。

2. 协助练习的学生要避免上体过于前倾，避免与练习者碰头。

3. 垫子的摆放及学生的练习队形要注意保持安全距离。

第三节　跑跳练习

一、跑跨障碍

【练习目的】初步培养学生跑、跳、跨越基本控制能力。

【练习方法】每隔80厘米左右摆放一障碍物，全程约摆放10个障碍物。练习时学生先助跑几步，跑至障碍物时采用一步跨越一个障碍的方法，直至跑完全程（图2-25）。障碍物的材质最好为软体，如海绵块或泡沫块等，障碍物的高度不要超过10厘米。

【练习要求】跑步跨越障碍时脚不得触碰障碍物，步法连贯。

图2-25　跑跨障碍

图2-25 跑跨障碍（续）

【教学组织】

1. 为提高学生练习的兴趣，教学中可根据情况改变障碍物之间的距离（缩小或增大），只是要求学生不得触碰障碍物。

2. 练习中可采用两组或多组之间的跑跨接力比赛，如面对面接力或跑去跑回接力等，快组为胜。

【安全提示】障碍物的材质最好为软体，如海绵块或泡沫块等，避免圆形物，以免踩到摔倒。

二、并腿跳障碍

【练习目的】锻炼跳跃能力，提高连续跳跃过程中身体平衡协调控制能力。

【练习方法】每隔50厘米左右摆放一障碍物。练习时学生采用向前并腿跳形式越过每一个障碍，连续跳过障碍直至完成全程（图2-26）。障碍物的材质最好为软体，如海绵块或泡沫块等，障碍物的高度不超过10厘米。

图2-26 并腿跳障碍

【练习要求】全程跳过障碍时采用并腿形式连贯完成，跳起落下要双脚同时进行。越过障碍时脚不得触碰障碍物。

【教学组织】

1. 为提高学生练习的兴趣，教学中可根据情况改变障碍物之间的距离（缩小或增大），只是要求学生不得触碰障碍物。

2. 结合已学的单腿跳跨障碍物练习，可采用全程分段单双腿跳混合练习，提高练习的难度及学生兴趣。

3. 练习中可采用两组或多组之间的跳跃接力比赛（如面对面接力或跑去跑回接力等），快的组为胜。

【安全提示】障碍物的材质最好为软体，如海绵块或泡沫块等，避免圆形物，以防止踩到摔倒。

三、助跑并腿起跳至垫上（并腿跳下）

【练习目的】培养学生双腿起跳的爆发力及跳下缓冲能力，并初步体会体操跳跃项目中“助跑上板”起跳地面模拟动作技术。

【练习方法】助跑5米左右，跑至已摆放好的垫子（高约20厘米），并腿跳起站到垫子上面，向前走至垫子边缘，并腿跳下（图2-27）。

【练习要求】

1. 要求学生跳上及跳下垫子时都采用双腿起跳方式。

2. 为保证跳起的高度，双腿起跳时要快速用力，同时两臂要配合快速向上摆臂。

3. 为保证学生跳下垫子时的安全，要求学生要采用双腿同时落地方法，从垫上跳下时双腿要注意缓冲，不要两脚先后落地。

图2-27 助跑并腿起跳至垫上（并腿跳下）

图2-27 助跑并腿起跳至垫上（并腿跳下）（续）

【教学组织】

1. 为掌握起跳技术，可让学生原地练习双腿起跳动作。

2. 为提高学生练习的兴趣，练习中可根据情况适当提高垫子的高度，并采用比赛形式鼓励学生去完成新的高度。

3. 为保证提高学生完成动作的规范、安全及练习的兴趣，可对学生的起跳（如是否并腿起跳）、落地（如是否跳得高站得稳）环节进行评比，并采用比赛形式进行练习。

【安全提示】为保护好学生落地的安全，可在落地位置摆放一块薄垫子，并向学生提出要求：跳下时不要往远跳，且落地要稳。

四、助跑并腿起跳，跃起俯卧高垫子（经坐撑跳下垫子）

【练习目的】锻炼学生跑跳及空中控制能力，使学生掌握向高处跳及往低处下的方法技能。

【练习方法】助跑5米左右，跑至已摆放好的垫子前面（垫子高60~80厘米，长1.5~2米），并腿起跳两臂前伸，俯卧至高垫子上面，然后跪撑向前移动至垫子边缘，经坐撑并腿跳下（图2-28）。

【练习要求】

1. 要求学生采用双腿起跳方式，起跳后直体、双腿伸直并拢。

2. 起跳时身体不要有挺身动作，以防落垫时腰部损伤。另不要过分向前跃起，以免跃得太远而掉下垫子。

3. 由于垫子较高，下垫子应要求学生采用坐撑跳下的方式。

图2-28 助跑并腿起跳，跃起俯卧高垫子（经坐撑跳下垫子）

图2-28 助跑并腿起跳，跃起俯卧高垫子（经坐撑跳下垫子）（续）

【教学组织】

1. 教学中应注意循序渐进，先从低高度开始，再根据学生完成情况由低往高逐渐提高垫子的高度。确保学生能在合适高度的垫子上完成动作。

2. 根据学生不同身高、身体素质及完成能力，合理进行分组练习。不同组可采用不同高度垫子，并采用晋升比赛形式鼓励学生去完成新的高度。

3. 为提高学生练习的兴趣及完成动作的规范性，可对学生完成情况（跳上的姿势、跳下的方法）进行评比。

【安全提示】为保证安全，特别在练习的开始阶段，教师应站在起跳的侧面加强保护，防止学生起跳不到位或前冲过度而滑落到地面。

五、三步助跑并腿跳上垫子（约30厘米）

【练习目的】发展学生下肢跑跳能力和身体基本姿势控制能力。

【练习方法】垫子摆放高约30厘米（长宽不限），练习者距垫子约2米，三步助跑，并腿起跳，同时双手向上带臂，使身体腾起，直体直腿站于垫上。

【练习要求】要求助跑（最后一步）连接并腿起跳（上板）动作时，双腿起跳时以脚踝发力为主，双腿跳起快速有力。起跳时，两臂要配合双腿起跳动作，快速有力经前上摆。起跳时双膝要尽量蹬直（图2-29）。

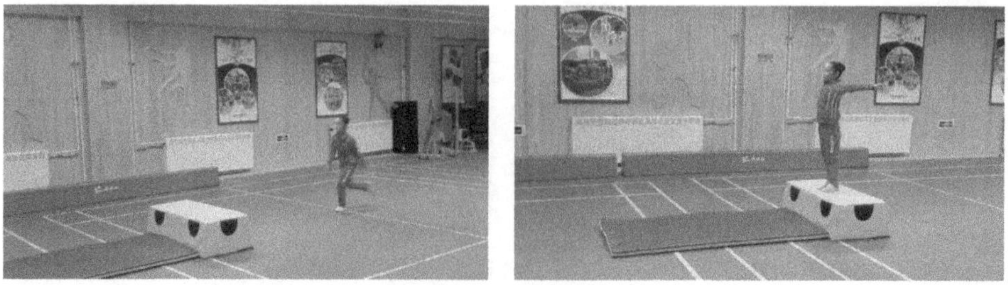

图2-29 三步助跑并腿跳上垫子（约30厘米）

【教学组织】

1. 教师示范时要注意调整好教学示范队形，要让所有同学都能观察到教师的下肢动作。多强调“双腿跳起”动作，而不是单腿跳起。

2. 可在地上进行练习之后再过渡到垫上练习。

3. 由一步助跑起跳开始逐渐过渡至多步助跑起跳。

4. 跳上垫子时可由屈腿跳上垫过渡至直腿跳上垫。

【安全提示】

对初学者或弹跳力较差的学生不要过分强调直腿上垫动作，注意循序渐进。

六、垫上挺身跳下

【练习目的】培养身体基本姿势的控制能力，发展学生下肢起跳及落地缓冲能力。

【练习方法】垫子高度约30厘米，练习者并腿站于垫上，身体经半蹲挺身跳下。

【练习要求】要求跳起时两臂直臂由后举开始经前向上摆至侧上举，空中挺身。落地时双腿屈膝缓冲，两臂置于身体前侧维持身体平衡。落地缓冲后要求身体站直，两臂经侧上举放下至体侧完成结束动作（图2-30）。

【教学组织】

1. 练习可先在平地上进行，练习原地挺身跳。而后再逐渐过渡到由垫上挺身跳下。

2. 在垫上练习的开始阶段可不要求学生跳得太高，之后再逐渐提高要求。

3. 挺身跳的跳起方向主要是向上，对过分向前跳的错误应给予纠正。另外，该动作的主要练习目的是培养良好的身体姿势控制，教学中要采用合理有效的教学方法（示范、语言表述、组织竞赛等）及要求，使学生理解正确的完成姿势并掌握动作。

【安全提示】从垫上跳下时要强调双腿落地时的缓冲动作。

图2-30　垫上挺身跳下

七、原地向前跃起手撑高垫成跪撑（站起并腿跳下）

【练习目的】发展学生上肢支撑能力及身体各部位动作协调配合能力。

【练习方法】垫子高度约40厘米，长约1.5米。练习者并腿站立于垫前，距离垫子约50厘米。身体经半蹲向前跃起，先用双手撑垫子，后屈膝跪垫成跪撑姿势。站起向前走至垫子边缘，并腿跳下（图2-31）。

【动作要点】要求向前跃起时两臂主动撑垫，顶肩有力；起跳跃出时双腿要蹬直；双手先撑垫后再收腹屈膝成跪撑（先撑后跪）；站起时，身体由跪撑姿势经跪坐弹起成蹲撑站起，向前走至垫子边缘，并腿跳下。

图2-31 原地向前跃起手撑高垫成跪撑（站起并腿跳下）

【教学组织】

1. 动作练习可采用由“不腾空—腾空”完成动作逐渐过渡。

2. 教学中应强调“先撑手后屈腿成跪”这一动作技术过程，针对学生在学习中容易犯的上下肢动作顺序错误，可采用“不腾空”完成动作的教法进行纠正。

【安全提示】垫子要足够长，防止学生向前跃起冲力太大或因学生手臂支撑力量不足从垫子前面掉下。

八、助跑并腿起跳手撑高台（垫）成跪撑（站起并腿蹲跳下）

【练习目的】发展学生上肢支撑及下肢跑跳能力；培养身体各部位动作协调配合能力；培养学生勇敢的品质。

【练习方法】垫子高度约70厘米，长约1.5米。练习者助跑约5米，助跑至垫前约50厘米，并腿起跳，身体向前跃起，身体腾起后，先用双手撑垫子，后屈膝跪垫成跪撑姿势。站起向前走至垫子边缘，并腿跳下（图2-32）。

【练习要求】要求向前跃起时两臂主动撑垫，顶肩有力；起跳跃出时双腿要蹬直；双手先撑垫后再收腹屈膝成跪撑（先撑后跪）；站起时，身体由跪撑姿势经跪坐弹起成蹲撑站起，向前走至垫子边缘，并腿蹲跳下。

图2-32　助跑并腿起跳手撑高台（垫）成跪撑（站起并腿蹲跳下）

【教学组织】

1. 动作可从原地在低垫子上练习开始，逐渐过渡到完整动作练习。

2. 教学中应强调“先撑手后屈腿成跪”这一动作技术过程，针对学生在学习中容易犯的上下肢动作顺序错误，有针对性地采用教法。

3. 练习中，学生完成的能力会有差异，对较差的学生可安排在较低高度的垫子上练习。

【安全提示】

1. 垫子要足够长（最好2米以上），防止学生因向前跃起冲力太大或手臂支撑力量不足从垫子前面掉下。

2. 练习前要检查高台（垫）摆放是否稳固。多层垫子垒起的高台，由于垫子材质及重量不同，可能会出现滑垫的情况，应想办法进行加固。

3. 为确保学生从高垫上完成动作后安全回到地面，要求学生跳下垫子时采用蹲跳完成，落地位置可摆放一块垫子。

九、平垫上连续向前跃成蹲撑前进

【练习目的】发展学生上肢支撑及下肢躯干屈伸动作协调配合能力。

【练习方法】把垫子摆放成一长条。练习者由蹲撑姿势开始，身体向前跃出，先由双手撑地，后收腹团身成蹲撑姿势，连续完成（图2-33）。

图2-33 平垫上连续向前跃成蹲撑前进

【练习要求】身体向前跃出时，手撑的远度随个人身高而定，双手撑地时要注意用力顶肩，动作过程中双腿要并拢。

【教学组织】

1. 教学过程注意循序渐进，动作的幅度由小到大。

2. 在动作较熟练的基础上，可采用分组比赛形式，提高练习的强度和学生练习的积极性。

【安全提示】

1. 练习前注意做好手腕的准备活动，控制好运动量，防止手腕负担量过大。

2. 在塑胶或草地上练习时，课前应注意清理掉地上的小石子。

十、原地手撑高垫成蹲撑（挺身跳下）

【练习目的】发展学生上肢支撑能力及身体各部位动作协调配合能力。

【练习方法】垫子高度约40厘米，长1米以上。练习者并腿站立于垫前约50厘米处。先用双手撑垫子，后收腹屈膝成蹲撑姿势。站起向前走至垫子边缘，并腿挺身跳下（图2-34）。

图2-34 原地手撑高垫成蹲撑（挺身跳下）

【练习要求】 双手先撑垫后再收腹屈膝成蹲撑（先撑后蹲），要求两臂主动撑垫，顶肩有力；站起后向前走至垫子边缘，挺身跳下。

【教学组织】

1. 动作练习可由地上平垫开始，逐渐提升垫子高度。

2. 教学中应注意动作的“先撑后蹲”过程，在学习中学生容易出现撑蹲同时的错误。

3. 挺身跳下应重点强调身体姿势控制。

【安全提示】

1. 垫子要足够长，防止学生因向前跃起冲力太大或手臂支撑力量不足从垫子前面掉下。

2. 高垫下面应摆放垫子，完成后挺身跳下，落地时缓冲。

十一、助跑5米跳上高台（垫）成蹲撑（蹲跳下）

【练习目的】发展学生上肢支撑及下肢跑跳能力；培养身体各部位动作协调配合能力；培养学生勇敢的品质。

【练习方法】垫子高度约70厘米，长1.5米以上。练习者助跑约5米，助跑至垫前约50厘米，并腿起跳，身体向前跃起，身体腾起后，先用双手撑垫子，后屈膝成蹲撑姿势。站起向前走至垫子边缘，并腿蹲跳下（图2-35）。

图2-35 助跑5米跳上高台（垫）成蹲撑（蹲跳下）

【练习要求】要求向前跃起时两臂主动撑垫，顶肩有力；起跳跃出时双腿要蹬直；身体跃起后双手先撑垫之后再收腹屈膝成蹲撑（先撑后蹲）。

【教学组织】

1. 动作可从低垫子上练习开始，逐渐过渡到高垫上。

2. 教学中应强调“先撑后蹲”动作过程顺序，针对学生在学习中容易犯的上下肢动作顺序错误，有针对性地采用教法。

3. 练习中，学生完成的能力会有差异，对较差的学生可安排在较低高度的垫子上练习。

【安全提示】

1. 练习垫子要足够长（最好2米以上），防止学生因向前跃起冲力太大或手臂支撑力量不足从垫子前面掉下。

2. 练习前要检查高台（垫）摆放是否稳固。多层垫子垒起的高台，由于垫子材质及重量不同，可能在学生手撑垫时会出现滑垫现象，应想办法进行加固。

3. 为确保从高垫上完成动作后安全回到地面，要求学生跳下垫子时采用蹲跳完成。

第四节　单杠练习

一、半悬垂

【练习目的】发展上肢悬垂力量，锻炼手臂抓握能力。

【练习方法】双手五指并拢或虎口张开抓杠均可，双臂伸直悬垂10秒，直腿收腹收髋，双脚脚跟着地，下肢适当支撑借力（图2-36）。

【练习要求】身体悬垂于杠下，保持上体垂直于地面，双手用力抓杠，握力十足，双肩放松下沉。

图2-36　半悬垂

【教学组织】

1. 教师示范、讲解动作练习方法及技术要求。

2. 为提高学生练习密度，一副单杠可供2~3人同时进行此练习。其余学生可安排简单的身体素质练习，例如原地跳、立定跳、单脚跳等。

3. 分组轮流交替进行练习。由教师口哨指挥起止，或练习保持时间由学生自己大声数秒。

【安全提示】

1. 教师双手抓住学生前臂腕关节部位，适当用力帮助延长悬垂练习时间。

2. 结束练习先屈膝收腿成站立，然后再放开抓杠的手。

二、直腿收腹脚着地

【练习目的】发展上肢悬垂力量，锻炼身体协调用力悬垂移动能力。

【练习方法】双手五指并拢或虎口张开抓杠均可，收腹直腿，双脚着地，向左或右挪手横向移动（图2-37）。

【练习要求】上肢悬垂，双手抓杠握力十足，保持上体垂直姿势，下肢适当借力，身体重心向侧移动，身体用力协调均匀，移动距离1～1.5米。

【教学组织】

1. 教师示范、讲解动作练习方法及要点要求。

2. 依次同方向进行练习，组织学生从单杠一侧上器械，从单杠另一侧下器械，循环进行练习。

【安全提示】

1. 多人练习时，注意学生移动速度，保持相互间距离。

2. 教师双手抓住学生前臂腕关节部位，适当用力帮助移动。

3. 单杠下面放置平整垫子，结束练习先屈膝收腿成站立，然后再放开抓杠的手。

图2-37　直腿收腹脚着地

三、悬垂

【练习目的】发展上肢手臂悬垂抓握力，锻炼身体收腹控制能力。

【练习方法】双手抓杠，收腹屈膝，双脚离地保持静止不动10～15秒（图2-38）。

图2-38 悬垂

【练习要求】上肢悬垂充分，双手握力十足，保持身体垂直于地面，双臂伸直，肩角打开，适度收腹屈膝弯腿。

【教学组织】

1. 教师示范、讲解动作练习方法及要求。

2. 为提高学生练习密度，一副单杠可2～3人同时进行练习。

3. 分组轮流交替进行练习。由教师口哨指挥起止，或练习保持时间由学生自己大声数秒。

【安全提示】

1. 教师双手抓住学生小臂腕关节部位，适当用力帮助保持悬垂姿势。

2. 单杠下面放置平整的垫子。

四、悬垂“振摆”

【练习目的】发展上肢悬垂力量，身体收与展的协调配合能力。

【练习方法】双手抓杠，屈膝小腿后屈双脚离地，下肢向上收腹举腿，含胸弓背，然后双腿下落时用力后摆展腹挺身，肩放松下沉，连续重复练习振摆5～6次（图2-39）。

图2-39 悬垂“振摆”

【练习要求】上肢悬垂充分，双手紧握单杠，振摆时肩部放松下沉，收与挺用力协调均匀，身体不要前后摆荡过大。

【教学组织】

1. 教师示范、讲解动作练习方法及用力技术要求。

2. 为提高学生练习密度，一副单杠可2~3人同时进行练习。

3. 分组进行练习，口令或哨声指挥同时上下轮换使用器械。

【安全提示】

1. 振摆结束停稳后，脚落垫子后再放手。

2. 根据学生身高调整单杠高度，单杠下面放置平整垫子。

3. 教师站在学生一侧，一手抓其手臂，一手托其腿部，随着振摆动作适当用力帮助。

五、走浪回荡

【练习目的】发展双手握力和上肢悬垂力量，以及身体摆动时的协调控制能力。

【练习方法】站在单杠前，双手抓杠，向前走（屈膝走）三步，身体向前摆动，然后收腹屈腿身体回摆，伸髋伸腿成站立（图2-40）。

图2-40 走浪回荡

【练习要求】上肢悬垂充分，双手握杠动作正确有力，走与摆动用力协调，动作幅度大，前摆时要尽量摆高身体位置。身体控制要好。

【教学组织】

1. 教师讲解并示范。一副单杠可2人同时进行练习。

2. 排队等待的同学可安排进行其他练习。

【安全提示】

1. 教师站在一侧，一手抓握学生前臂，可帮助其握杠。

2. 单杠器械下摆放平整的垫子。

六、出浪回荡

【练习目的】发展双手握力和上肢悬垂力量，以及身体摆动时的协调控制能力。

【练习方法】站在单杠前，跳起双手抓杠，收腹、收腿、身体顺势向前摆动。然后收腹屈腿身体回摆，伸髋伸腿成站立（图2-41）。

图2-41　出浪回荡

【练习要求】上肢悬垂充分，双手握杠动作正确有力，摆动用力协调，身体收放控制得好。

【教学组织】

1. 教师讲解并示范。一副单杠可2人同时进行练习。

2. 排队等待的同学可安排进行其他练习。

【安全提示】

1. 教师站在一侧，一手抓握学生前臂，可帮助其握杠。

2. 单杠器械下摆放平整的垫子。

七、出浪转体180°

【练习目的】发展双手握力和上肢悬垂力量，以及身体摆动时的协调转体控制能力。

【练习方法】跳起双手抓杠，双脚离地屈腿屈髋身体用力前摆，利用前摆的力量高度，顺势向左转体180°，同时右手放开杠转体后尽快抓杠，正反握杠继续前摆一次，然后身体回摆，伸髋伸腿成站立（图2-42）。

图2-42 出浪转体180°

【练习要求】起跳充分，悬垂前摆迅速有力，身体转体动作协调快速，双手换握杠动作正确有力。

【教学组织】

1. 教师讲解并示范，学生依次轮流进行练习。

2. 排队等待的同学可安排进行其他练习。

【安全提示】

1. 教师站在一侧，一手抓握学前臂，帮助其握杠，另一双扶在其背部，帮助向前摆动。

2. 单杠器械下摆放平整的垫子。

3. 落地时下肢做屈膝缓冲动作。

八、单杠悬垂“振摆”引体向上

【练习目的】发展双手握力和上肢悬垂力量，以及身体协调摆动发力向上引体的能力。

【练习方法】双手抓杠，双脚离地，后摆背弓，腰紧肩松，屈膝稍向上收腹振摆，顺势用力屈臂向上引体，头稍后仰，身体下落后连续重复引体3~4次（图2-43）。

图2-43 单杠悬垂“振摆”引体向上

【练习要求】上肢悬垂充分，双手握力十足，身体振摆与屈臂向上引体用力协调，屈臂引体向上头的高度尽量到达杠的水平面。下颌到达杠的水平面属于较高要求。

【教学组织】

1. 一副单杠上可以3人同时进行练习。
2. 排队等待的同学可安排进行其他练习。

【安全提示】

1. 教师站在学生后面，双手扶其腰部帮助向上引体。
2. 单杠下摆放平整的垫子。结束时，双脚落垫站稳。

第五节　平衡木练习

一、直立向前走平衡木

【练习目的】发展学生平衡能力及肢体配合协调能力。

【练习方法】练习者左脚踏上平衡木的一端，右脚在前站立（前后脚），同时两臂侧平举，左脚开始向前两步同时两手叉腰；再向前两步同时两臂侧平举。以此反复直到走到平衡木的另一端。两脚并拢，两臂侧平举，两臂经后向上带起同时并腿向前跳下，经半蹲成站立，同时两臂侧上举结束（图2-44 ）。

图2-44 直立向前走平衡木

【**练习要求**】要求练习者保持身体直立，保持平衡，每走一步都要腿伸直、绷脚尖，跳下屈膝半蹲，要有缓冲地落地。

【**教学组织**】

1. 教师示范、讲解动作要点及提出要求。

2. 地面练习两步（4拍）叉腰、两步（4拍）侧平举

3. 学生顺序练习，在教师保护下每人在平衡木上练习一次，之后学生开始轮流练习。一组学生木上练习，同时可安排另一组学生做地面练习，两组交替练习，这也增强了课堂练习密度。

4. 可采用竞赛方式调动练习积极性，例如两组比赛，以掉下平衡木人数少的组为胜。

【安全提示】

1. 注意身体重心的移动与控制。

2. 控制平衡木上学生之间的距离，前面一名同学走出4拍后下一名同学再上平衡木。

3. 平衡木下放置平整的垫子。

4. 跳下动作要提示学生做好结束动作，禁止学生跳高、跳远。

二、向侧并步走平衡木

【练习目的】发展学生平衡能力及肢体配合协调能力。

【练习方法】练习者右（左）脚踏上平衡木的一端，左（右）脚在前站立（前后脚），同时两臂侧平举，双脚提踵向右（左）转体90°。左（右）脚开始向侧一步，右（左）脚并拢左（右）脚，同时两臂侧平举走两步，两手叉腰走两步，以此反复直到走到平衡木的另一端，两脚并拢，两臂侧平举，两臂经后向上带起同时并腿向前跳下经半蹲成站立，同时两臂侧上举结束（图2-45）。

【动作要点】要求练习者保持身体直立，保持平衡，每走一步都要腿伸直、绷脚尖，跳下屈膝半蹲，要有缓冲地落地。

【教学组织】

1. 教师示范、讲解动作要点及提出要求。

2. 在教师的保护和帮助下，每人在平衡木上练习一次后学生开始轮流练习。一组学生在平衡木上练习，同时可安排另一组学生做地面练习，两组交替练习，增强课堂练习密度。

3. 可采用竞赛方式调动练习积极性，例如两组比赛，以掉下平衡木人数少的组为胜。

图2-45 向侧并步走平衡木

【安全提示】

1. 注意身体重心的移动与控制。

2. 转体时身体保持平稳，提踵转体干净利落。

3. 控制平衡木上学生之间的距离，前面一名同学走出4拍后下一名同学再上平衡木。

4. 平衡木下放置平整的垫子。

5. 跳下动作时，要提示学生做好结束动作，禁止学生跳高、跳远；注意适当加以保护。

三、左右脚交替在前提踵站立（转体180°）

【练习目的】发展学生平衡能力及肢体配合协调能力。

【练习方法】练习者右脚踏上平衡木的一端，左脚在前，前后脚站立，同时两臂侧平举，双脚提踵站立8拍；右脚向前一步前后脚站立，同时两臂侧平举，双脚提踵站立8拍。双脚起踵站立，两臂侧平举，转体180°同时两臂经舞蹈三位至侧平举结束（图2-46）。

图2-46　左右脚交替在前提踵站立（转体180°）

【练习要求】

1. 提踵站立要求练习者保持身体直立，保持平衡，提踵高，身体夹紧，侧平举到位。

2. 转体180°要求练习者提踵高，身体直立夹紧，肩、髋、踝带动转体。

【教学组织】

1. 教师示范、讲解动作要点及提出要求。

2. 地面练习侧平举提踵站立（左、右交替练习）。

3. 在教师的保护和帮助下，每人在平衡木上练习一次（学生顺序练习），一组可3~4人一起练习，每人练习一次后学生开始轮流练习，一组学生木上练习的同时可安排另一组学生做地面练习，两组交替练习，这也增强了课堂练习密度。

4. 可采用竞赛方式调动学生练习积极性，例如两组比赛，以掉下平衡木人数少的组为胜。

【安全提示】

1. 注意身体重心的控制；转体时身体保持平稳。

2. 控制平衡木上学生之间的距离，前面一名同学走出2米后下一名同学再上平衡木。

3. 平衡木下放置平整的垫子。跳下动作时，要提示学生做好结束动作，禁止学生跳高、跳远；注意适当加以保护。

四、足尖步走（转体90°）

【练习目的】发展学生平衡能力及肢体配合协调能力。

【练习方法】练习者踏上平衡木一端，前后脚站立双脚提踵。向前走两步同时两手叉腰；再向前走两步，同时两臂侧平举。以此反复走到木端，右脚在前，向左转体90°，两脚并拢，两臂经后向上带起，同时并腿向前跳下屈膝缓冲成站立，两臂侧上举结束（图2-47）。

【练习要求】要求练习者保持身体直立，双脚高提踵，保持平衡，姿态优美，每走一步都要腿伸直、绷脚尖，跳下屈膝半蹲，要有缓冲地落地。

【教学组织】

1. 教师示范，讲解动作要点及提出要求。

2. 地面练习提踵走两步叉腰、两步侧平举。

3. 在教师的保护和帮助下，每人在平衡木上练习一次，之后学生开始顺序轮流练习。一组学生在平衡木上练习，同时可安排另一组学生做地面练习，两组交替进行，增强课堂练习密度。

4. 采用竞赛方式调动练习积极性，例如两组比赛，以掉下平衡木人数少的组为胜。

图2-47 足尖步走（转体90°　）

【安全提示】

1. 注意身体重心的移动与控制；转体时身体保持平稳，提踵转体干净利落。

2. 控制平衡木上学生之间的距离，前面一名同学走出4拍后下一名同学再上平衡木。

3. 平衡木下放置平整的垫子。跳下动作要提示学生做好结束动作，禁止学生跳高、跳远。

五、侧立向侧走

【练习目的】发展学生平衡能力及肢体配合协调能力。

【练习方法】练习者右（左）脚踏上平衡木的一端，左（右）脚在前站立（前后脚），同时两臂侧平举。双脚提踵向右（左）转体90°，左（右）脚开始向侧一步，右（左）脚并拢左（右）脚，同时两臂侧平举走两步，两手叉腰走两步，以此反复直到走到平衡木的另一端两脚并拢，两臂侧平举，两臂经后向上带起，同时并腿向前跳下，经半蹲成站立，同时两臂侧上举结束（图2-48）。

图2-48 侧立向侧走

【动作要点】要求练习者保持身体直立，保持平衡，每走一步都要腿伸直、绷脚尖，跳下屈膝半蹲，要有缓冲地落地。

【教学组织】

1. 教师示范、讲解动作要点及提出要求。

2. 在教师的保护和帮助下，每人在平衡木上练习一次后学生开始轮流练习，一组学生木上练习同时可安排另一组学生做地面练习，两组交替练习。

3. 可采用竞赛方式调动学生练习积极性，例如两组比赛，以掉下平衡木人数少的组为胜。

【安全提示】

1. 注意身体重心的移动与控制。

2. 控制平衡木上学生之间的距离（建议前面一名同学走出4拍后下一名同学再上平衡木）。

3. 跳下动作要提示学生做好缓冲落地动作。

六、足尖步向前走

【练习目的】发展学生平衡能力及肢体配合协调能力。

【练习方法】练习者左脚踏上平衡木的一端，右脚在前站立（前后脚），同时两臂侧平举，双脚提踵。左脚开始向前走两步（左右脚交替），同时两手叉腰；左脚开始向前走两步（左右脚交替），同时两臂侧平举。以此反复直到走到平衡木的另一端，右脚在前，向左转体90°，两脚并拢，两臂侧平举，两臂经后向上带起同时并腿向前跳下，经半蹲成站立，同时两臂侧上举结束（图2-49）。

图2-49　足尖步向前走

【练习要求】要求练习者保持身体直立，尽力向上提踵，保持平衡，姿态优美，每走一步都要腿伸直、绷脚尖，跳下屈膝半蹲，要有缓冲地落地。

【教学组织】

1. 教师示范、讲解动作要点及提出要求。

2. 地面练习提踵走两步（2拍）叉腰、两步（2拍）侧平举。

3. 在教师的保护和帮助下，每人在平衡木上练习一次后学生开始轮流练习，一组学生在平衡木上练习，同时可安排另一组学生做地面练习，两组交替练习。

4. 采用竞赛方式调动练习积极性，例如两组比赛，以掉下平衡木人数少的组为胜。

【安全提示】

1. 注意身体重心的移动与控制。

2. 控制平衡木上学生之间的距离，建议前面一名同学走出4拍后下一名同学再上平衡木。

3. 跳下动作要提示学生做好结束动作，禁止学生跳高、跳远；注意适当加以保护。

七、柔软步向前走

【练习目的】发展学生平衡能力及肢体配合协调能力。

【练习方法】练习者左脚踏上平衡木的一端，右脚在前站立（前后脚），同时两臂侧平举或叉腰。左脚向前一步微屈膝（重心移至左腿），右腿屈膝，脚尖经脚踝，左腿直立，右腿抬起45° 向前伸直。右脚向前一步（重心移至右腿），左腿屈膝，脚尖经脚踝，右腿直立，左腿抬起45° 向前伸直。直至走到平衡木的另一端，向前跳下经半蹲成站立，两臂经前至侧上举（图2–50）。

图2–50 柔软步向前走

【练习要求】要求练习者保持身体直立，目视前方（用余光看平衡木），每一步要有弹性，蹲与伸速度适当放慢且有控制，姿态优美，跳下屈膝，要有缓冲地落地。

【教学组织】

1. 教师示范、讲解动作要点及提出要求。

2. 地面练习柔软步（两臂侧平举或叉腰）。

3. 在教师的保护和帮助下，每人在平衡木上练习一次后学生开始轮流练习，一组学生木上练习，同时可安排另一组学生做地面练习，两组交替练习。

4. 可采用竞赛方式调动练习积极性，例如两组比赛，以动作规范优美组为胜。

【安全提示】

1. 控制平衡木上学生之间的距离。

2. 平衡木下放置平整的垫子。

3. 跳下动作要提示学生做好缓冲落地结束动作，注意适当加以保护。

八、向前踢腿，团身跳下

【练习目的】发展学生平衡能力及肢体配合协调能力及控制能力。

【练习方法】练习者左脚踏上平衡木的一端，右脚在前站立（前后脚），两臂保持侧平举。左脚向前一步，右腿向前踢起90°，脚尖点地；右脚向前一步，左腿向前踢起90°，脚尖点地。直至到平衡木的另一端，双脚跳起屈膝团身跳下，经半蹲成站立，两臂经前至侧上举（图2-51）。

图2-51　向前踢腿，团身跳下

【练习要求】要求练习者保持身体直立，目视前方（用余光看平衡木），踢腿时支撑腿和前踢的腿都要伸直，姿态优美，屈膝团身跳下注意身体重心不能后仰，落地屈膝要有缓冲。

【教学组织】

1. 教师示范、讲解动作要点及提出要求。

2. 地面练习向前踢腿，两臂侧平举。

3. 在教师的保护和帮助下，每人在平衡木上练习一次后学生开始轮流练习，一组学生木上练习，同时可安排另一组学生做地面练习，两组交替练习。

【安全提示】

1. 注意团身跳跳起时上体重心稍前倾，防止重心后倒。

2. 控制平衡木上学生之间的距离，前面一名同学离开落地点后，下一名同学再开始做。

3. 落地区放置平整的垫子。

4. 跳下动作要提示学生做好缓冲落地结束动作，禁止学生直腿落地，注意适当加以保护。

九、向前“弹簧步”走

【练习目的】发展学生平衡能力及肢体配合协调能力及控制能力。

【练习方法】练习者左脚踏上平衡木的一端，右脚在前站立（前后脚），同时两臂侧平举。左脚向前一步微屈膝（重心移至左腿），右腿屈膝，脚尖经脚踝，左腿直立提踵，右腿屈膝抬起45°；右脚向前一步（重心移至右腿），左腿屈膝，脚尖经脚踝，右腿直立提踵，左腿屈膝抬起45°；直至走到平衡木的另一端向前跳下，经半蹲（两臂前下举）成站立，两臂经前至侧上举（图2-52）。

【练习要求】要求练习者保持身体直立，目视前方（用余光看平衡木），每一步都要有弹性，速度适当放慢，姿态优美，跳下屈膝半蹲，要有缓冲地落地。

【教学组织】

1. 教师示范、讲解动作要点及提出要求。

2. 地面练习弹簧步及小波浪。

3. 在教师的保护和帮助下，每人在平衡木上练习一次后学生开始轮流练习，一组学生木上练习，同时可安排另一组学生做地面练习，两组交替练习。

4. 可采用竞赛方式调动练习积极性，例如两组比赛，以动作规范优美组为胜。

图2-52　向前“弹簧步”走

【安全提示】

1. 注意身体重心的移动与控制。

2. 控制平衡木上学生之间的距离，前面一名同学走出4拍，下一名同学再上平衡木。

3. 落地区放置平整的垫子。

4. 跳下动作要提示学生做好缓冲落地，禁止学生直腿落地或跳远。

第六节　双杠练习

一、双杠上双臂支撑

【练习目的】发展上肢支撑的力量及身体协调用力的能力。

【练习方法】两手撑杠，跳起在杠上双臂支撑静止5秒，然后左右移动身体重心5次，但手不离开杠面（图2-53）。

图2-53　双杠上双臂支撑

【练习要求】支撑时要充分撑高，手臂伸直，保持身体收紧伸直，左右臂用力均匀协调。

【教学组织】

1. 教师讲解并示范，学生依次轮流练习。

2. 每副双杠上可上2名学生同时进行练习。

【安全提示】

1. 注意前后距离，避免碰撞。

2. 双杠的高度大约是学生站立时腰部的高度即可。如果双杠较高，上器械时先收腹举腿屈膝挂到双杠上，向上屈臂引体至支撑位置。下器械时双腿先分腿屈膝挂杠，双手抓杠至悬垂姿势成站立。

3. 双杠器械下摆放平整的垫子。上下杠时要注意落地安全。

二、双杠上分腿坐

【练习目的】发展上肢支撑推起的力量及身体协调用力的能力。

【练习方法】两手撑双杠，跳起在杠上双臂支撑，收腹分腿坐杠，左右移动身体重心，左右手和左右腿交替支撑前移动约1米（图2-54）。

【练习要求】上肢背撑充分撑高起，保持身体高度，身体重心左右移动和向前移动均匀协调。

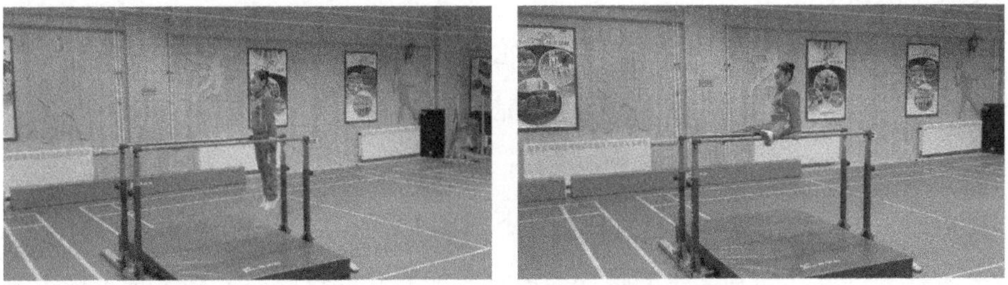

图2-54 双杠上分腿坐

【教学组织】

1. 教师讲解并示范，学生同方向依次轮流上器械进行练习。

2. 其他学生在地面上完成屈膝仰撑向前移动练习。

【安全提示】

1. 学生依次轮流进行练习，不要拥挤。

2. 双杠器械下摆放平整垫子。上下杠时要注意落地安全。

三、双杠上分腿坐，双手前支撑向前移动

【练习目的】发展上肢支撑推起的力量及身体协调用力的能力。

【练习方法】双杠上双臂支撑，收腹举腿分腿坐杠，双手前支撑，提臀向前移动身体，双手再向前支撑，提臀向前移动身体，反复交替支撑向前行进约1米（图

2-55）。

图2-55 双杠上分腿坐，双手前支撑向前移动

【练习要求】双手向下支撑，配合提臀向前移重心，均匀协调。

【教学组织】

1. 教师讲解并示范，学生同方向依次轮流上器械进行练习。

2. 其余同学可做辅助练习：在地面上完成蹲撑双手前支撑向前移动的练习。

【安全提示】

1. 学生依次轮流进行练习，双杠器械下摆放平整的垫子。

2. 双杠高度以杠面到学生的腰部为适宜。如果双杠较高，上器械时先收腹举腿屈膝挂到双杠上，向上屈臂引体至支撑位置。下器械时双腿先分腿屈膝挂杠，双手抓杠至悬垂姿势成站立。

四、双臂支撑前摆收腹分腿坐杠

【练习目的】发展上肢支撑力量，同时练习收腹举腿，锻炼身体协调配合用力的能力。

【练习方法】双杠上双臂支撑，两腿向前举腿收腹成分腿坐杠。收腹并腿还原成双臂支撑。反复完成3次（图2-56）。

【练习要求】双手向下支撑杠，肩部用力保持稳定。收腹举腿坐杠及还原过程中尽量伸直双腿。

【教学组织】

1. 教师讲解并示范，学生同方向依次轮流上器械进行练习。

2. 其余同学可做辅助练习：在地面上并腿坐，两手在身体侧后方支撑，重复完成收腹举腿成分腿坐，然后还原成并腿坐。

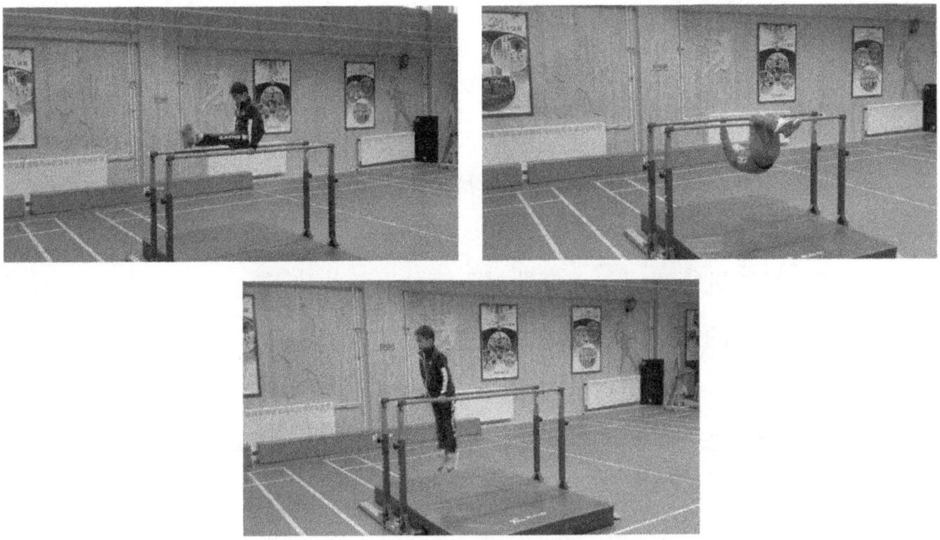

图2-56 双臂支撑前摆收腹分腿坐杠

【安全提示】

1. 学生依次轮流进行练习，双杠器械下摆放平整的垫子。

2. 双杠高度以杠面到学生的腰部为适宜。

五、双腿挂杠完成引体向上

【练习目的】发展上肢悬垂力量和拉伸力量，锻炼手的抓握能力。

【练习方法】练习者两手正握一横杠，两膝弯曲挂在另一横杠上。两臂用力向上拉引身体至高处后放下。连续重复同样的动作3~5次（图2-57）。

【练习要求】向上拉引高度尽量使头部能达到杠面高度。上拉时快速用力，下落时有所控制。

【教学组织】教师讲解并示范，学生依次轮流上器械进行练习，一副双杠可以2名学生同时进行练习。

图2-57 双腿挂杠完成引体向上

【安全提示】

1. 学生依次轮流进行练习，双杠器械下摆放平整的垫子。

2. 结束练习时，两脚先落到垫子上站稳之后再放手。

第七节 教室内练习（风雨教材）

一、打手游戏

【练习目的】锻炼学生的快速反应能力。

【练习方法】将学生分为两人一组，面对面，一名学生双手掌向上，另一名学生双手掌向下，两名学生手掌相对。听老师发出“打”的口令，学生做出反应：下面手翻到上面手的上面击打其手背，上面手逃开。也可让老师说一段故事，只要听到故事间出现指定的字时，学生迅速做出打、逃反应。

【教学提示】教师讲故事和发出口令的声音要洪亮，确保每名同学都能听清，每次反应练习后，双方互换上下手位置。

二、抓手游戏

【练习目的】锻炼学生的快速反应能力。

【练习方法】学生围成一个圈，每人伸出自己的左手，掌心向下；同时伸出右手，食指顶住右边学生的左手手心。老师可以放音乐（也可以读一段文字，里面有重复的词），只要音乐一停（念到这个词）就立刻用左手抓住别人的手指，并把自己的手指从别人的手心里逃出来。 最后看谁的手被抓住了，手被抓的人就要表演节目，从而活跃气氛。

【教学提示】

1. 教师讲故事的声音要清楚、洪亮，音乐选择适当音量；确保每名同学都能听清。

2. 每次反应练习后，双方互换上下手位置。

三、石头、剪子、布（脚）

【练习目的】发展学生的反应能力和弹跳能力。

【练习方法】两脚跳成左右开立是“布”；跳成前后弓步是“剪子”；跳成两脚并立是“锤子”。学生分为两人一组，可以自由搭配，两人用脚进行“石头、剪子、布”比赛。五局三胜分出胜负，与旁边另一组再比（负者与负者比，胜者与胜者比）。

【教学提示】游戏的双方都要同时喊出口令“石头、剪子、布”，两脚必须在“布”字时跳起并同时落地，动作慢的一方算失败。

四、搭小桥（双人互压肩）

【练习目的】发展学生肩部柔韧性。

【练习方法】两名学生面对面站立相距一步，两手前举扶对方肩，然后上体前屈，抬头挺胸、塌腰，尽量使两臂和胸向下接近地面。

【教学提示】

1. 下压过程逐步进行，两人的下压节奏和频率要一致。此练习还可以演变为双人侧向同时拉伸。

2. 下压过程要保持始终抬头、挺胸、塌腰。

五、手握书侧平举

【练习目的】主要锻炼三角肌中束。

【练习方法】站立，双脚与肩同宽，双臂在身体两侧自然下垂。双臂侧平举，直到与肩膀同高，手掌向下，在动作的最高点让大拇指微微指向地面。然后缓慢地放下双臂经身体两侧回到初始位置。

【教学提示】

1. 身体直立，在双臂抬高过程中肘部不要弯曲，手掌向下。

2. 如果想进一步锻炼斜方肌，可以加大动作的幅度直到双手在头顶上方相碰。双手超过肩膀高度时，转动手腕，使掌心相对。

3. 器材需用相等重量的书本。

六、站姿手握书前平举

【练习目的】主要锻炼三角肌前束。

【练习方法】站立，双脚与肩同宽，双臂在身体两侧自然下垂。双臂前平举，笔直地伸向正前方，双臂抬起至肩的高度，双臂要始终保持平行，然后缓慢地放下双臂至身体两侧。

【教学提示】身体保持正直，两臂要伸直，左右两手需用相等重量的书本。

七、腿后群肌肉的拉伸

【练习目的】大腿后群肌肉的紧张是日常生活中常见的现象，牵拉能缓解运动后大腿后群的酸痛。且若出现大腿后群肌肉痉挛，牵拉能显著改善该状况。

该练习的主要目标肌群为半腱肌、半膜肌、股二头肌、臀大肌、小腿三头肌。

【练习方法】站直，右脚跟在左脚趾前方30~60厘米处。右膝保持笔直，身体向右膝弯曲，双手向右脚方向伸展。

【教学提示】

1. 为了达到最佳的牵拉，右膝尽可能伸直，直接从髋部弯腰，背尽量伸直。

2. 右脚微微外展，头和身体尽可能向右膝的中间弯曲（内侧），可以增强股二头肌的牵拉。

3. 右脚微微内旋，头和身体尽可能向右膝的侧面（外侧）弯曲，可以增强半腱肌和半膜肌的牵拉。

八、腿前群肌肉的拉伸

【练习目的】大腿前群肌肉的疲劳非常常见，在运动之后，大腿前群的肌肉往往感觉酸痛无力，牵拉能改善这种状况。

该练习的主要目标肌群为股四头肌、缝匠肌、腰大肌、髂腰肌。

【练习方法】直立，重心在左腿，左脚指向前方，左膝几乎笔直。为了保持平衡，左手扶墙或桌子。屈右膝，紧紧抓住右脚或右膝向后略向上拉右脚踝，使之尽可能靠近臀部，同时向前做推髋。

【教学提示】

1. 做这种牵拉时，要格外小心，不要过度屈曲使膝关节过度疲劳。

2. 慢慢地拉踝部，主要是向后拉，稍稍向上拉，髋部一定要向前移动，注意力主要集中在伸髋而不是屈膝。

3. 如果重点牵拉内侧肌肉，向后弯曲时，旋转上体，远离内侧肌肉。

4. 如果重点牵拉外侧肌肉，向后弯曲时，旋转上体，远离外侧肌肉。

九、扶桌俯卧撑推起

【练习目的】主要发展肱三头肌和胸肌。

【练习方法】双手胸前扶墙（扶桌），双手之间的距离与肩同宽，双脚并拢，腿伸直，身体倾斜大约在60°~80°之间，缓慢屈肘，双肘朝向外侧，直至屈肘到最大幅度，然后双臂缓慢发力把身体撑起来至双臂伸直回到初始姿势。

【教学提示】

1. 身体平直并与地面有一定夹角。

2. 屈肘以及撑起身体的动作要缓慢。

十、双手身后扶凳推起

【练习目的】主要发展肱三头肌。

【练习方法】身体面向前，腿弯曲，双手背后撑在凳子上，掌心向下，双手之间的距离比肩略宽，躯干垂直缓慢下落至上臂与地面平行，然后双手双臂同时发力撑起至胳膊伸直，回到初始位置。

【教学提示】

下肢及躯干放松，尽量不要用脚蹬地，完全靠手臂支撑发力。

第三章
快乐体操教学组织方法

第一节　直观教学法

一、定义及作用

直观法是体育教学中通过一定的直观方式，作用于人体感觉器官，引起感知的一种教学方法。体育教学中常用的直观法有动作示范、教具和模型演示等，由于人对事物的认识是通过感觉器官对事物的感知开始的，因此，教学中的直观法对学生掌握教学内容，达到教学要求和完成教学任务有重要的意义。

直观法又可分为：视觉直观法、听觉直观法、动觉直观法、触觉直观法、本体直观法。这里主要介绍听觉直观法、动觉直观法和本体直观法。

（一）听觉直观法

运用较简明的语言，如口令、掌声、哨子、形象化的语言，帮助学生掌握动作，指示学生的用力时机、程度、节奏、速度等，指挥学生练习动作，以培养学生的节奏感、协调性。

（二）动觉直观法

学生动觉中枢接收来自体外的信息，学生体验动作的做法、用力时机，身体的正确姿势，维持平衡等内容，使学生体验完成正确动作的过程和肌肉用力感觉，以及各部位之间相互作用的内在联系，从而有利于形成正确完整的动作概念，加速掌握动作。

（三）本体直观法

当学生做动作时，教师用手触摸学生某块或某群肌肉，并辅以口头提示，如触摸其胸部并提示“含胸”等。这可使学生通过肌肉本体感觉反射性地建立条件反射机制，调节身体姿势，最后达到掌握动作的目的。学生在学习动作初期鉴于素质和技术原因，不能独立完成或完成不好动作时，教师利用辅助器械辅助练习法使其体会正确的技术要领和肌肉本体感觉，消除学生精神上的紧张情绪和多余的肌肉紧张，避免信息超载，有利于形成正确完整的动作概念，加速掌握动作。

二、运用实例

（一）直观的针对性

如跑跳中要使小学生明确上步起跳的基本技术，而直观“示范讲解”就要使“上步”“起跳”“由坐撑跳下”“亮相”等要点形象鲜明地展现在学生眼前，且其特点通过观察映入学生的脑海。要达到此效果，对于一年级的学生显然不是用语言能够简单表达清楚的。再如垫上的熊猫滚动、猩猩爬亦是如此，把动作完整示范后，在需要突出的地方加以语言直观法的强调，才可以让小学生有深刻的印象。

（二）直观的可接受性

示范必须考虑到小学生的运动能力、动作的性质和心理特点。一般的示范规律是：简单的技术动作精确示范，如开始动作的示意与结束动作的亮相；简易动作高质量示范，如蹦床与垫上的简单动作；易出险性动作安全示范可示范出必须注意之点。这样，学生就会感到所学的内容既不太难，也不太易，有吸引力，有尝试劲，学习就会有成效。

（三）直观的突出性和强化性

有时展示错误性以直观地引起正误对比，或加以言语的趣味化，激发其思维，都能收到良好的效果。

（四）直观的带动性

体操教学，从直观示范讲解到实践试做，这对学生而言还存在一个心理转化过程，谁来第一个试做好。一般教师都有意地让技术动作稳定的学生第一个试做，能加深直观概念和引起良好的兴奋感；而对于貌似难险而只要有勇气、有巧劲就能轻而易举地完成的动作，教师如能预先挑选出一个技术水平不高的学生带头顺利进行直观试做就更有实际意义。

（五）直观的巩固和提高性

具体做法如下：1. 教学中不轻易让学生在动作失败时换动作、换项目或结束课，加深小学生印象。2. 观察各种试做后简要归类评析，提出该表扬的同学，或该继续努力的学生。3. 课结束时如必要时可重点对某一技术动作进行巩固示范。

三、注意事项

1. 教师的为人师表是影响学生德行学风方面的一种极为重要的直观教学，特别是对于低年级小学生来说更为重要。

2. 直观必须有明确的目的性，同时注意其实效性，找到适合小学生的接受方式。在运用正误对比性直观时，应注意其副刺激（错误性的）强度不能超于主刺激（正确面刺激）的强度，以免产生误抑正确面的负作用。

3. 良好的感知与预先的兴奋性有密切的关系，因此，直观教学法的运用应重视对注意力的引导，把小学生的注意力吸引过来。

第二节　比赛练习法

一、定义及作用

比赛练习法是指运用比赛的方式进行练习的方法，比赛法可以分为个人比赛或组间比赛，在教学过程中一般采取组间比赛练习法。此方法能有效提高学生练习的兴趣和积极性，培养学生顽强的意志品质，培养团队精神。

二、运用实例

小学体操教学中绝大多数的教学内容都可以运用比赛练习法，比赛的性质可多种多样。

1. 动作完成质量比赛。例如：蹦床的“冰棍跳”“两臂上举跳”“团身跳”等动作比赛，两张蹦床上的学生同时完成动作，看谁的动作完成规范，姿态优美，教师评出其中动作质量完成较好的同学，要求其他的同学向做得好的同学学习。

2. 动作速度比赛。例如跑跳项目中“跨越障碍跑”动作比赛。把学生分成几组，学生按照动作要求进行跨越障碍跑接力比赛。

3. 力量耐力比赛。例如地上的俯撑动作，看谁能够在符合动作标准的前提下，支撑的时间长。

三、注意事项

1. 运用的时机要恰当（特别是组间接力比赛）。比赛练习法通常用于学生们熟练掌握该动作时。千万不能在动作学习的初始阶段运用该方法，以防止学生们只注重比赛结果而忽略比赛过程中的动作质量。

2. 比赛时要强调动作的规范性，防止学生们过多关注比赛结果，导致动作变形。

3. 注意加强安全措施保障，制定好比赛规则，比赛前要仔细检查场地器材，消除安全隐患。在一些速度项目比赛上，学生容易兴奋，在一些跑动项目中容易导致同学间的推挤而出现伤害事故。

第三节　分组教学法

一、定义及作用

分组教学法是指在体育教学时，体育教师将全班学生按照一定条件如性别、体育基础等因素分成若干小组，各小组在教师的安排下分别进行练习的一种组织形式。通常采用的分组教学形式有分组同项、分组不同项等时轮换。

教学中合理进行分组教学，有利于提高学生的练习密度，提高教学效果；有利于合理利用现有器材，减小因场地器材不足带来的不利影响；有利于调动学生的主动性，培养学生练习的自觉性。

二、运用实例

教学中可根据教学任务、教学条件、分组等综合情况合理选择分组不同形式。

例如，分组不同项等时轮换教学方法。

教学任务：垫上（复习原地跳转90° ×4次，掌握动作技术）；蹦床（复习两臂上举跳，掌握动作技术）。

教学条件：蹦床2张、篮球场1块。

分组情况：按队形分成两组（均有小组长）。

教学组织：一组先进行蹦床练习（分两个小组），另一组先进行垫上练习，15分钟后进行轮换。由于两项内容均为复习内容，学生对动作有一定认识，但是蹦床的难度及危险性相对大一些，教师在课上应多花费些精力照顾，垫上练习可让挑选出来的小组长带领进行，教师偶尔给予指导。

三、注意事项

1. 教师要“眼观六路、耳听八方”，学生分开了，容易出现管理失控的问题。

2. 合理选择不同分组教学形式。在场地器械比较充足的情况下，通常采用分组不分项目；在场地器材缺乏的情况下可采用分组分项等时轮换的方式；在器械少、时间短的情况下，可采用分组分项不轮换方式。

（3）注重培养班干部，保证在分组教学中他们能起带头作用并协助教学管理。

（4）分组教学时，教师应重点关照教学内容难度较大、危险性较高、难以组织的一组。

第四节　情景教学法

一、定义及作用

体育情境教学是教师根据教学内容和学生实际，通过设置相关的故事情节、场地器材和情感氛围，提高学生体育学习的情趣，从而帮助学生理解教材，发展学生基本活动能力。它能够有效提高学生的兴趣，调动学生参与练习的内驱力，获取最佳的注意力。情境教学可以为学生提供良好的暗示或启迪，有利于锻炼学生的创造性思维，培养学生的适应能力。

二、运用实例

小学“快乐体操课”，学习技能：单杠悬垂移动、平衡木提踵走、挺身跳下。

情景主题：西游记之大圣归来。

第一阶段——导入情景和准备活动阶段。

引导语：有一天大圣和唐僧在去西天取经的路上遇到了一对老夫妇，大圣二话没说就把他们给打死了，结果唐僧一气之下把大圣给赶走了，没想到大圣刚走不久，唐僧就被这对妖怪假扮的夫妇给抓走了，大圣知道后很快踏上了救师父的旅程，那各位大圣跟着老师一起去救师父好吗?

第二阶段——在情境中体操技能练习阶段。

第一项学习项目：单杠悬垂移动。引导学生把自己想作大圣，首先要想救师父就必须穿过这个森林，所以大圣来到单杠前通过完成一个动作——单杠悬垂移动，才能够穿过大森林，并告诉孩子要完成标准了才能踏上下一段路程。通过此方法引导孩子积极参与练习，提高孩子的上肢力量和身体协调能力，培养其对单杠的兴趣 。

第二项学习项目：平衡木提踵走，挺身跳下。教师带领学生来到第二个冒险地点，告诉学生：想要救师父必须横渡通天河，学生想象平衡木下面是河水，必须完成平衡木提踵走挺身跳下，才能救到师父。

最后，学生们通过了自己的努力，终于把唐僧救了出来。通过此方法引导学生积极参与练习，提高孩子的身体灵活性和平衡能力，培养其对平衡木的兴趣 。

第三阶段——导出情景和总结阶段。

教师总结学生们的练习情况，指出练习中的不足，鼓励学生们要加强身体锻炼，最后老师带领大家唱西游记儿歌“猴哥猴哥……”结束体操课。

三、注意事项

1. 故事情节讲解过程中，语言一定要生动形象、能够吸引学生们的注意力，激发他们的学习兴趣。活动前，要进行情景诱导和竞争欲望的调动。教师进行情境教学，要让学生“入景”，要能让学生“摩拳擦掌”，要让学生“想玩”，学生有了这样的心理调动，就能产生练习的动机和兴趣。

2. 教师活动中要不断激发学生的情感反应。要善于利用各种情境，如通过学生相互加油、给予现场鼓励、增减比赛次数等多种方法不断激发学生们的参与热情。

3. 活动中，还要注意教学活动中的个体差异。由于每个学生知识和能力水平不同，在体能上存在先天差异，所以，在教学中让每个学生都能最大限度地体验运动乐趣是非常重要的。要针对学生的个体差异，进行“成功体育”式的教学方法，使每个学生都体验得到乐趣，从而达到教学目的。

4. 活动后要将学习和比赛等进行有机结合，不能“为游戏而游戏”“为情境而情境”，要通过总结、讲解和讲评等方式对教学进行总结，对学生的技能学习及提高情况向学生进行反馈，同时通过总结等对学生进行其他方面的教育。

第五节　循环练习法

一、定义及作用

循环练习法是体育教学方法中的一种练习组织形式。教学中根据练习任务的需要选定若干练习手段，设置若干个相应的练习站（点），学生按规定顺序、路线和练习要求，逐站依次练习的方法。循环练习法的结构要素包括每站的练习内容、每站的运动负荷、练习站的安排顺序、练习站之间的间歇、循环练习的组数。

循环练习法可以充分利用时间加大课的练习密度、使练习的项目多样化、可不断改变练习方法，提高学生的学习兴趣，使学生身体得到全面锻炼。

二、实例应用

教学内容：蹦床 “冰棍跳”；垫上“直臂直体俯撑”；平衡木“足尖步走”。

方法应用：最好先安排蹦床项目，因为蹦床项目能使学生在练习的过程中达到热身的目的。其次安排直臂直体俯撑，因为蹦床项目主要发展学生的弹跳能力，对腿部的作用更大一些，接下来的项目不宜再对腿部有过多的刺激，而且，蹦床练习已经使学生的心率处于高水平状态，我们知道这个年龄段的学生练习的强度不宜太大，原地直臂直体俯撑恰好能让学生得到有效的休息，避免心肺负荷太大。最后安排平衡木，让学生再动起来，为接下来继续练习蹦床做好准备。所以练习的顺序最好为“蹦床—直臂直体俯撑—平衡木”，然后循环练习。练习中教师重点观察照顾安全性相对稍差的蹦床项目。

三. 注意事项

1. 在教学中采用循环练习法的先决条件是学生对所安排的练习内容都能较为熟练掌握且项目内容的安全性较高。

2. 安排的练习站最好为2~3站，安排的练习站太多，不利于教师的管理，学生容易出现安全问题。教师应集中注意力于学生易出现安全隐患的项目，或者教师站在一个适当的位置，能看到所有学生的活动。

3. 站与站间歇时间也不能太长，否则不利于下一站项目的练习。每站的练习量和时间要几乎相等，便于等时轮换，不会在某一站排队等待时间太久。

第四章 快乐体操竞赛组织与裁判法

举行各种规模、形式的快乐体操比赛可以宣传、推广快乐体操运动，吸引不同阶层的人士认识到快乐体操的乐趣，积极鼓励不同年龄段的学生参加快乐体操运动，锻炼学生全身心协同发展，丰富和活跃课余生活，增添乐趣、激发斗志、培养团队合作意识；快乐体操的比赛还可以检查教学和训练工作的成果、总结交流经验、促进运动技术水平的提高；能使参赛者、老师及家长受到高尚的体育道德作风、顽强意志的熏陶与激励，通过比赛与外单位的学生交流，了解项目发展动态。快乐体操的比赛不仅是学生展示自己技能的赛场，也是主办方对体操价值的认识，是中国体操未来发展和少儿身心全面发展的重要项目，各种形式的快乐体操竞赛对少儿体操的内容及技术的推陈出新和传播发展更有现实的意义。

第一节　快乐体操比赛内容、规则与裁判方法

一、接力通关赛

分别进行的男子团体和女子团体接力通关赛。安排2~3个赛道，每个赛道根据不同的年龄组依次配置同样标准的快乐体操器材或辅助器材。各赛区可自行确定器材种类和数量，但设置的器材必须能测试运动员跑、跳、平衡、柔韧、力量和协调等能力。

计时员的计时方法：运动员在起跑线后做好起跑准备姿势。当发令声响后，运动员启动的最初一刹那开始卡表计时，当该队最后一名队员回到起跑线（即终点线）时停表。用时短者名次列前。每个环节不能顺利完成的（如从平衡木上掉下来），必须从掉下的地方重新上器械，继续完成本环节和比赛。

服装要求：要求穿体操服、体操鞋或者白袜子。

二、器械项目比赛

按《全国快乐体操锻炼标准》（2016 年版）对照比赛的相应等级所设项目进行（自由体操另设）。设男子团体和女子团体项目，男子由4名男队员组成，女子由4名女队员组成。

5个项目同时进行，比完一项之后轮换器械进行下一项比赛。团体成绩分为男子团体成绩和女子团体成绩。将4名男子/女子运动员各单项成绩相加为团体成绩。

相应等级所设项目如下：

二级：蹦床、爬行练习、滚动练习、跑跳练习、半支撑练习。

三级：蹦床、跑跳、半支撑、单杠、平衡木。

四级：蹦床、半支撑、跳跃、单杠、平衡木。

五级：蹦床、双杠（男子）、跳跃、单杠、平衡木（女子）。

评分方法：器械比赛裁判员按以下标准对每一位参赛队员进行评价。

5 分（优秀）：完成动作比较轻松优美，有一定观赏性和表现力。

4 分（良好）：完成动作比较顺利，能连续完成规定动作，只是动作质量不够高。

3 分（合格）：能基本完成动作，出现失误，或掉下或摔倒等情况，能在掉下或摔倒的地方开始接着完成规定动作。

2 分（不合格）：未完成大部分规定动作

服装要求：要求穿体操服、体操鞋或者白袜子。

三、集体自由体操赛

由男女6~8人组成队伍参加集体自由体操比赛（图4-1）。参加集体自由体操比赛的队伍应将该级自由体操的规定动作用舞蹈动作串联起来编入成套，自配音乐，时间不超过 2 分钟。可手持器械，种类不限，禁止使用刀、剑等不安全的器械。

图4-1 集体自由体操比赛现场

裁判员根据以下四个方面的标准进行评分：成套总分为 10 分。评分以 0.1 分为最小扣分单位。

1. 音乐选编和舞蹈编排：满分 3 分。

音乐符合少年儿童的特点，节奏明快，旋律优美，允许配有歌词，鼓励创新；舞蹈动作优美可爱，队形变换至少三次；成套动作与音乐配合协调。

2. 规定体操动作：满分 3 分。

按《全国快乐体操锻炼标准》（2016 年版）的相应等级所设自由体操规定动作。

3．成套表现力：满分 3 分。

欢乐情绪，可爱童趣，相互交流，观众共鸣。

4．服装：满分 1 分。

符合少儿特点，美观得体，与成套内容配搭和谐。

四、亲子组比赛

亲子组以家庭（父亲或母亲和孩子至少2人）为单位进行报名。

1．宝贝通关。

比赛内容：孩子独自完成，由赛事组委会统一专门设计幼儿通关路径（涉及走、跑、跳、爬、滚翻等动作），掉落器械后必须从原地开始，未按照设计路径完成全部内容者成绩无效，用时较少者成绩列前。

2．强壮爸爸：30秒俯卧撑。

比赛内容：身体俯卧，双臂伸直，双手与肩同宽或稍宽，掌心向下平放于地面，屈肘使躯干靠近地面，肩低于肘的高度，推举身体回到双臂伸直位置。

3．美丽妈妈：30秒仰卧起坐。

比赛内容：双腿屈膝，仰卧于地面，双脚分开与肩同宽，臀部、后腰、背部、肩胛骨、双肩均与地面完全贴合，双手交叉放于胸前，收腹起上身以肘关节接触膝关节为完成一次。

亲子组比赛评分方法：根据孩子、父亲、母亲单项比赛名次，取父亲、母亲中名次最好的一方与孩子的名次相加，数字小者名次列前。

五、创意搭建赛

1．每个参赛单位每个组别限报1支队伍，每队10人（8名队员、2名教练），性别不限。

2．比赛内容：在1分30秒内将组委会提供的快乐体操器材与模块进行创意组合、拼装，在此基础上可使用自带的安全道具。

3. 由一位教练员代表本队向裁判员和现场观众解读创意，然后带领队员进行练习展示（图4-2）。各参赛队可自选吻合主题的音乐。

图4-2 比赛现场

4. 创意搭建赛评分方法：总分10分，根据以下标准进行评分（表4-1）。

表4-1 评分标准

评分因素	评分内容	分值
创意编排	主题风格1分 巧妙搭建1分 角色设计1分 技巧运用1分 突破创新1分	5分
完成情况	搭建稳定1分 动作完成1分 音乐使用1分	3分
表演	剧情投入1分 团队合作1分	2分

5. 评分要求。

主题风格：活泼、趣味性。

巧妙搭建：幼儿园组不少于6个器械，小学组不少于8个器械。

角色设计：主题鲜明。

技巧运用：体现队员身体素质及技能、快乐体操技巧性。

突破创新：唯一性、新颖独特性，没有抄袭痕迹。

搭建稳定：完成准确、充分利用所选道具、展示阶段不失败。

动作完成：全队参与、安全有序、拼接紧凑。

音乐使用：贴合主题思想起到很好的衬托作用。

剧情投入：队员展示能够感染裁判及观众；解读队员语言生动活泼、表情自然不做作。

团队合作：整体造型独特、队员配合默契、表现力强、完美呈现造型主题、运动员有强烈的表现自信心。

比赛采用公开示分法，去掉最高分和最低分，取中间平均分，如分数相同先对比创意编排分值，其次为完成情况分值，最后是表演分值，直到决出名次。

第二节　裁判组成及工作职责

快乐体操裁判的组成包括仲裁、总裁判长、副总裁判长、各单项裁判长、裁判员（可根据参赛队的多少决定裁判员人数）、总记录长、各小组记录员（若干名）、主持人、广播放音员、检录长、检录员、计时员、司线员等。裁判员均应参加相应的赛前裁判员学习，出席比赛前的裁判员研讨会，穿着比赛规定的工作服，准确、快速、客观、公正地进行工作。

一、仲裁组的组成及其职责

（一）仲裁组组长 1 名

负责接受并处理参赛队对评分提出异议的申诉和参赛队资格的申诉。

（二）仲裁组成员 2 名

协助调查申诉队的评分情况和/或参赛队资格情况，与组长共同研究处理意见。

二、裁判组的组成及其职责

（一）总裁判长 1 名

全面负责并主持裁判学习和工作。控制比赛进程。随时监督、检查、总结裁判工作情况。赛后向主办机构上交比赛总结报告。

（二）副总裁判长 1 名

协助总裁判长负责裁判组的学习、分工、评分、检查和总结工作。

（三）项目裁判组

1. 接力通关赛裁判组

（1）裁判长 1 名，全面负责比赛的顺利进行。

（2）起点发令员 1 名，负责所有赛道同时起跑时的发令。

（3）在每一赛道各设计时员 1 名，负责该小组的计时工作，并配麦克风播报成绩。

（4）记录员 1 名。

（5）另设保护人员若干名，负责比赛中器械移动后的恢复和队员的安全（按所安排的通关器械数量，根据实际需要设定数量）。

（6）成绩确定：计时员计时成绩为最终成绩。

2. 器械比赛裁判组

共五项器械，每项器械设如下人员。

（1）裁判长 1 名，核准上场运动员姓名。

（2）裁判员 2 名。

（3）小组记录员 1 名。

（4）跑分员 1 名。

（5）成绩确定：3名裁判评分，去掉 1 个最高分和 1 个最低分，取中间分为最后得分。由裁判长即时示分。

3. 集体自由体操赛裁判组

（1）裁判长 1 名。

（2）裁判员至少 5 名。

（3）小组记录员 1 名。

（4）成绩确定：6 名裁判进行评分，去掉 1 个最高分和 1 个最低分，取中间分数的平均分为最后得分，最后得分保留至小数点后两位。由裁判长示分。

（四）总记录组

总记录长 1 名：具体领导总记录组全程工作。

总记录成员至少 5 名（其中 2~3 名有经验的电脑员）：在记录长的分工安排下完成以下工作。

赛前：按照竞赛规程的要求接受报名；制作所有比赛用表；制作包含竞赛规程、组织机构、参赛队伍、竞赛日程、人员统计等内容的秩序册；准备好所有裁判用具。

赛中：及时准确地登记评分、及时公布成绩；计算成绩、确定名次。

赛后：制作成绩册，及时向各参赛队发放成绩册。

第三节　快乐体操比赛的组织流程

快乐体操比赛是一种计划周详、严谨而细致的工作，在举办比赛前必须做好一切准备工作。一般赛前准备工作包括制定竞赛规程、建立大会领导机构、进行有关的筹备和组织准备工作。

一、召开主办单位筹备联席会议

由主办单位或主要负责人召集有关单位及部门的相关人员出席会议。会议的主要内容是协商并落实有关竞赛的具体事宜，其中包括确定承办单位和协办单位、经费来源、赛程地点、日期、规模等。成立竞赛筹备办公室，确定办公室成员，将任务分工落实到具体的人。

二、制定竞赛规程

竞赛规程是组织比赛的重要指导性文件，是筹备比赛工作的依据，也是参赛单位、运动员、教练员及裁判员必须执行的准则。竞赛规程由主办单位制定，一般应至少提前3个月下发给各个部门，以便参赛单位有充分的时间准备比赛，安排好比赛期间各项事宜。竞赛规程应简明、准确，不易使执行者产生误会。规程基本内容如下。

1. 竞赛规程的名称：说明年度（届）、比赛性质、规模、名称。

2. 竞赛目的任务：简明比赛目的。

3. 比赛日期和地点：要详细、清楚地写明比赛的具体时间和地点。如下发规程时还不能确定比赛地点，则要先写清楚比赛的城市。

4. 参加单位条件：限定参赛者的范围，要具体、明确。在技术水平、健康状况、性别、年龄、思想作风等方面根据实际情况提出适当的条件。

5. 参赛人数：各单位可报男、女运动员×名，如有团体比赛，要说明参加团体比赛的运动员以及参加各单项比赛的运动员。各参赛单位可报领队1名、教练1~4名、保育员或队医1名。超额官员将不列入秩序册参赛名单中。

6. 参赛的年龄：根据运动员的实际年龄划分组别。

7. 竞赛内容与办法：这是竞赛规程的主要部分，一般需要说明采用何种比赛内容、如何计分、成绩处理方法等。另外有何特殊规定和要求，采用何种评分规则，快乐体操比赛中如有特殊的评分规则，一定要有评分规则附件。

8. 录取名次和奖励：根据比赛的规模说明评几个奖项，是用等级奖的奖励形式还是用名次的奖励形式。如：团体成绩使用等级奖的奖励形式，前40%为一等奖、再40%为二等级、最后20%为三等级。另设立最佳表演奖、优秀组织奖、突出贡献奖、优秀裁判员及体育道德风尚奖等。

9. 报名办法：包括填写报名表、交纳竞赛管理费、报名起止日期和地点、网址等。

10. 报名和报到：写明报名的方式、要求及截止日期。比赛报到日期、乘车路线及联系方式等都要写清楚。如：填写大会发布的报名表，需加盖各单位及医务室印章，附意外伤害保险单等，并于赛前××天函寄到组委会。

11. 其他：例如裁判员的选派、仲裁委员会人员的组成以及应急预案、预订往返车票等未尽事宜可以附件的形式通告。

三、确立比赛领导机构、组织机构

根据比赛规模的大小，成立相应的组织机构。全国性比赛通常由主办方和承办方共同协商确定大会组织委员会成员，包括主办方负责人、赞助商负责人、承办方负责人，上级领导机关的代表和有关知名人士以及总裁判长。组织委员会一般设主任1人、副主任1人、委员若干人。它是比赛大会的领导机构，其下属是各办事机构。根据比赛规模决定成立几个分部。部门分布要详细，各部门负责事项要具体、细致。中小型比赛可以根据实际情况少设定几个部门，但要安排清楚具体事项的负责部门。以全国性比赛为例可分为以下几个部门（图4–3）。

- 大会组委会
  - 大会办公室
    - 资源处
    - 新闻处（广告、宣传报道、标语牌、横幅及新闻发布会）
    - 后勤处（生活事务、医疗卫生、志愿者、交通等）
    - 接待处（接站、送站、订返程票等）
    - 保卫处
  - 竞赛处
    - 场地
    - 设备
    - 编排秩序册、组织抽签、排序、颁奖等
  - 仲裁委员会
  - 裁判委员会
    - 裁判员（各单项裁判、辅助裁判）
    - 记录员
    - 检录员
    - 司线员
    - 播音员
    - 放音员

图4–3　全国性比赛组织结构图

四、召开各项工作负责人会议

由竞赛主负责人召开各项负责人联席会议。主要内容有：对比赛筹备工作情况进行说明，解释有关竞赛规程和评分规则等方面的有关问题，开闭幕式内容，研究决定比赛的有关问题。

五、领队和教练员会议

领队和教练员会议是比赛前重要的一项内容，是参赛队与大会及裁判员沟通的主要途径之一，是最终落实比赛各项内容重要会议，双方都应重视。会议由组委会主持，各队领队及教练员、各处负责人及裁判长参加。通常在赛前和赛后各安排一次。

赛前领队、教练员会议主要内容如下。

1. 介绍比赛的准备情况。

2. 介绍大会主要负责人和主要工作人员。

3. 宣布比赛日程及有关规定。

4. 解答和解决参赛队提出的问题，如比赛安排、生活、竞赛规程及规则等方面问题。竞赛规则方面的问题主要由裁判长解答，竞赛规程及生活安排主要由大会负责人解答。

5. 抽签排定比赛的出场顺序。采取公开抽签的办法，由大会负责人或各队负责人抽签均可。抽签环节不论在领队和教练员会议上进行还是提前进行都应有组委会委员或有关负责人在场监督执行，由指定人员代理抽签。这项工作应在领队、教练员会议上专门交代，以免引起误解。

赛后领队和教练员会议主要安排参赛队离会事宜和专门召开技术交流会，就比赛和上课（训练）互相介绍经验；交流各代表队意见及看法；分享快乐体操最新发展信息；集体讨论快乐体操发展方向等。

六、比赛的进行

（一）开幕式

1. 主持人宣布比赛开幕式开始。

2. 进行开幕式表演。

3. 运动员入场。

4. 介绍领导和嘉宾。

5. 领导讲话，运动员及裁判员代表宣誓。

6. 运动员退场。

（二）比赛进行

1. 赛前检录：一般赛前30分钟按出场顺序第一次检录，赛前5分钟第二次检录。

2. 播音员向观众介绍裁判委员会和裁判员。

3. 运动员由播音员宣告上场向裁判员示意，上器械进行热身活动或者在比赛器械旁做好准备。

4. 根据比赛项目进行比赛。

5. 裁判员进行评分并公开示分，播音员宣布运动员得分。

6. 记录员记录每名裁判员的分数和运动员最后得分。

7. 跑分员将运动员最后得分送至各参赛队教练员手中，以及总记录处。

8. 成绩由总记录处统计，之后得出比赛名次。

（三）闭幕式及发奖

1. 主持人宣布闭幕式开始。

2. 裁判长宣布比赛成绩、获奖名单。

3. 获奖运动员入场。

4. 请领导和某位知名人士为获奖运动员颁奖。

5. 领导和获奖运动员合影。

6. 运动员退场。

7. 鸣谢主办和承办单位，向赞助单位颁发锦旗。

8. 领导致闭幕词，宣布比赛圆满结束。

七、比赛的收尾工作

编制和印发成绩册；安排各队离开赛区事宜；工作人员和志愿者对场地、器材、服装、用具等物资设备的清理工作；财务结算；工作总结，上报上级主管部门。

第五章 快乐体操教学文件的编写

编制教学文件是教学过程中一项重要的基础性工作。合理、切实的教学文件有助于为教学决策与管理部门提供正确的信息与数据，有助于教师设计有效的教学方法。教学文件不是一成不变的，而是根据客观实际，与时俱进定期进行优化改进，保证教学文件与教学设计和谐统一。

第一节　快乐体操教学大纲、进度

教学大纲是以纲要的形式，根据教学计划中规定的任务、要求和学时编写的课程内容范围和顺序的指导性文件，是选编教材和教师进行教学的主要依据，对教师的教学工作起直接的指导作用。教学大纲由课程性质、课程教育目标、教学内容及基本要求、学时分配、考核安排、大纲实施说明和建议等内容组成。

教学进度是根据教学大纲内容制定的。教学进度根据课的总时数以及每个学期上课时数，将教学内容合理地安排到每次课中去。

一、快乐体操教学大纲案例

“高参小”一年级体操教学大纲

【课程类别】校本必修课　　【适用对象】小学一年级

【学时】2学期共36学时　　【开课部门】学校体育组

（一）课程性质与目标

遵照“健康第一”的指导思想，以身体练习为主要手段，强调实践性特征；重视教学内容的基础性，培养学生掌握基本的体操技能和方法；注重教学组织的趣味性并且与学生的生活经验相联系，激发学生参与兴趣，体验体操运动乐趣。

本课程能够使此年龄阶段的学生初步学习与掌握队列、徒手操、跳跃、滚动、爬行、悬垂、支撑、平衡等体操锻炼的基本动作技能，为塑造学生良好的身体姿态奠定基础，初步发展学生的协调性、柔韧性以及灵敏性，使学生的身体素质基础得到提升，为学生参加其他体育课程学习实践活动奠定基础。促进学生一般性徒手肢体运动能力和生活实践能力发展，使学生具有在活动练习中的自我保护和安全锻炼的基础意识与基础能力。培养学生在集体活动中的主动合作精神，使学生初步具有与他人合作的意识。

（二）教学内容

实践课教学内容

项目	教　学　内　容
垫上	团身前后滚动（熊猫滚动） 直体侧滚（原木滚动） 异手异脚爬（猩猩爬） 团身侧滚翻（驴打滚） 分腿体前屈、并腿体前屈
蹦床	两臂下垂跳（冰棍跳） 手叉腰跳 空中前后分合腿跳 空中向侧分合腿跳

续表

项目	教学内容
跑跳	10米跑跨障碍（泡沫块80厘米间距） 10米并腿跳障碍（泡沫块50厘米间距） 助跑并腿起跳至垫上（约20厘米），并腿跳下 助跑并腿起跳跃起俯卧高垫子（60~80厘米），经坐撑跳下垫子 助跑并腿起跳跃起俯卧高垫子（80~100厘米），经坐撑跳下垫子
单杠	直腿收腹脚着地，双手抓杠悬垂10～15秒 直腿收腹脚着地，双手抓杠悬垂左、右移动1～1.5米 收腹屈膝双脚离地，双手抓杠悬垂10～15秒 悬垂“振摆”：悬垂开始，身体前收后挺连续振摆5～8次
双杠辅助	并腿俯撑15～20秒 并腿俯撑用脚背着地15～20秒 并腿直体仰撑15～20秒 俯撑开始，左右手依次“倒手”5次 俯撑屈体直腿，向前爬行5~8米 收腹屈腿仰撑，向前爬行5~8米 收腹屈腿仰撑，向后爬行5~8米
平衡木	木端踏上，叉腰2拍侧举2拍，向前走至另一端，向前跳下成站立 木端踏上，向左侧并步走至另一端，向前跳下成站立 木端踏上，向右侧并步走至另一端，向前跳下成站立 踏上木前后脚站立，两臂侧平举，左右脚交替在前起踵立八拍 木端踏上，叉腰2拍侧举2拍，足尖步走到另一端，转体90°，向前跳下

室内教学课内容（雾霾或风雨天，在教室内组织）：

（1）快速反应能力游戏：打手游戏。

（2）快速反应能力游戏：抓手游戏。

（3）反应和弹跳能力游戏：“石头、剪子、布”（脚）。

（4）肩部柔韧性练习：搭小桥（双人互压肩）。

（5）站姿手握书侧平举、前平举。

（三）教学考核与成绩评定

学生完成各单项规定动作，教师给予评价。教师应采用激励式语言评价方式，鼓励每个学生不断地提高自己的动作完成质量与综合能力。

A很棒（优秀）：孩子能掌握并很好地完成动作。

B不错（良好）：孩子基本完成动作。

C加油（一般）：孩子还处在学习阶段，不能独立完成好此动作。

（四）教学组织要求与建议

1. 丰富体操课教学组织和练习形式，加强学生课堂练习的密度。例如：教学中可采用一个主要练习内容由教师重点督导，同时安排第二个练习（复习内容或身体素质练习）由学生自觉完成，形成两站式循环练习。

2. 教学内容可采用先集体练习，后分组竞赛等游戏化组织形式，调动学生积极性；运用“情景教学法”以增加练习趣味性，使体操教学活动更加符合学生年龄特点及身心发展的需求。

3. “高参小”体操课特殊规定：一个自然班40~45名学生，应安排一名小学教师和一名高校研究生教师分组教学。因为体操教学中练习单杠、双杠、蹦床等项目学生必须依次轮流使用器械。分组轮换可以提高学生练习密度，同时也提高了教学安全性。

4. 教师必须建立良好的课堂练习秩序，练习前提醒并教育学生安全注意事项。课前对场地器材进行检查，课后对器材进行维护保养，确保教学顺利进行。

（五）教学参考教材及学习资源

1. 中国幼儿体操网：http：//www.youerticao.org.cn/。

2. 中国体操协会官方网站：http：//www.cga.net.cn/。

3. 《体育与健康课程标准》，中华人民共和国教育部制定，2011年出版。

4. 《快乐体操等级锻炼标准》，国家体育总局体操运动管理中心于2014年6月颁布。

二、快乐体操教学进度案例

“高参小”快乐体操教学进度

（一年级上学期）

注：该进度仅供参考，各学校根据自身场地器材条件、天气情况等，结合实际可适当调整教学计划和进度。

课次	内容及要求
1	跑跳：10米跑跨障碍（泡沫块80厘米间距） 单杠：半悬垂移动（双手抓杠，直腿收腹，双脚着地左移动1米）
2	跑跳：10米并腿跳障碍（泡沫块50厘米间距） 单杠：半悬垂移动（双手抓杠，直腿收腹，双脚着地右移动1米）
3	跑跳：助跑并腿起跳至垫上（20~30厘米），并腿跳下 单杠：双手抓杠悬垂，双脚离地，悬垂10秒
4	跑跳：助跑并腿起跳跃起俯卧高垫子（约60厘米）——经坐撑跳下垫子 单杠： 悬垂“振摆”，身体前收后挺连续振摆5次跳下
5	跑跳：助跑并腿起跳跃起俯卧高垫子（约80厘米）——经坐撑跳下垫子 单杠：悬垂“振摆”，身体前收后挺连续振摆5次跳下
6	垫上：学习团身前后滚动（熊猫滚动），初步掌握动作技术 蹦床：学习两臂下垂跳（冰棍跳），初步掌握动作技术
7	垫上：复习团身前后滚动（熊猫滚动），掌握动作技术 蹦床：复习两臂下垂跳（冰棍跳），掌握动作技术
8	垫上：柔韧练习——分腿体前屈、并腿体前屈，初步掌握动作 蹦床：复习两臂下垂跳（冰棍跳），熟练掌握动作技术
9	垫上：学习异手异脚爬（猩猩爬）；柔韧练习——分腿体前屈、并腿体前屈 蹦床：学习前后分合跳，初步掌握动作技术
10	垫上：复习异手异脚爬（猩猩爬） 蹦床：复习前后分合跳，掌握动作技术
11	双杠辅助：并腿直臂直体俯撑15秒，用脚背着地15秒 平衡木：木上横向站立双手叉腰或两臂侧平举
12	双杠辅助：并腿收腹屈腿背撑10秒，并腿直臂直体背撑10秒 平衡木：木上纵向站立双手叉腰或两臂侧平举
13	双杠辅助：并腿俯撑开始，左右手依次“倒手”5次 平衡：木一端踏上前后脚站立两手叉腰向前走至另一端向前跳下成站立
14	双杠辅助： 俯撑屈体直腿向前爬行5米 平衡木：木端左脚踏上（右脚在前），身体向左转体90°，侧并步走至另一端向前跳下成站立
15	双杠辅助：仰撑爬行（收腹屈腿背撑，向前和向后爬行5米） 平衡木：木端右脚踏上（左脚在前），身体向右转体90°，侧并步（双手叉腰四拍、侧平举四拍）走至另一端向前跳下成站立
机动	室内课即风雨教材，雾霾或风雨天在教室内由体育老师组织进行教学 上课时间机动，根据本学期内实际天气情况而定

“高参小”快乐体操教学进度

（一年级下学期）

注：该进度仅供参考，各学校根据自身场地器材条件、天气情况等，结合实际可适当调整教学计划和进度。

课次	内容及要求
1	垫上：学习双臂上举直体左右滚动（原木滚动），初步掌握动作技术 蹦床：学习叉腰跳，初步掌握动作技术
2	垫上：复习双臂上举直体侧滚（原木滚动），掌握动作技术 蹦床：复习叉腰跳，掌握动作技术
3	垫上：复习异手异脚爬（猩猩爬）；柔韧练习——分腿体前屈、并腿体前屈 蹦床：复习叉腰跳，熟练掌握动作技术
4	垫上：学习团身侧滚翻（驴打滚），初步掌握动作技术 蹦床：学习向侧分合跳，初步掌握动作技术
5	垫上：复习团身侧滚翻（驴打滚），掌握动作技术 蹦床：复习向侧分合跳，掌握动作技术
6	双杠辅助：并腿直体俯撑20秒；并腿直体俯撑（脚背着地）20秒 平衡木：另一端踏上前后脚站立两手叉腰向前走至另一端向前跳下成站立
7	双杠辅助：并腿直体仰撑15秒 平衡木：木端左脚踏上（右脚在前），身体向左转体90°，侧并步走至另一端向前跳下成站立
8	双杠辅助：并腿直体俯撑开始，左右手依次“倒手”5次 平衡木：木端右脚踏上（左脚在前），身体向右转体90°，侧并步走至另一端向前跳下成站立
9	双杠辅助：收腹屈腿仰撑，向前和向后爬行8米 平衡木：木一端踏上，足尖步走到另一端跳下成站立
10	双杠辅助：复习收腹屈腿仰撑，向前和向后爬行8米 平衡木：跳上木前后脚站立，两臂侧平举起踵站立，经舞蹈三位手，转体180°
11	跑跳：10米并腿跳障碍（海绵或泡沫块） 单杠：半悬垂移动（双手抓杠，直腿收腹双脚着地左移动1.5米）
12	跳跃：助跑并腿起跳至低垫上（20~30厘米）——并腿跳下 单杠：半悬垂移动（双手抓杠，直腿收腹双脚着地右移动1.5米）
13	跑跳：助跑并腿起跳至低垫上（20~30厘米）——并腿跳下 单杠：半悬垂移动（双手抓杠，直腿收腹，双脚着地左或右移动1.5米）
14	跑跳：助跑并腿起跳跃起俯卧高垫子（约100厘米）——经坐撑跳下垫子 单杠：双手抓杠，双脚离地，悬垂15秒
15	跑跳：助跑并腿起跳跃起俯卧高垫子（约100厘米）——经坐撑跳下垫子 单杠：悬垂振摆（悬垂开始，稍向上收腹举腿，落下后摆，连续振摆8次跳下）
机动	室内课即风雨教材，雾霾或风雨天在教室内由体育老师组织进行教学 上课时间机动，根据本学期内实际天气情况而定

第二节　快乐体操教学教案

教案是教师根据教学大纲和教学进度的课次安排，在课堂上完成教学任务计划，教案需体现其每次课的教学过程和教学实施的根本属性。教案是备课成果的集中反映和体现，一般由任课教师自己编写。

教案范例一

课次________________　　日期：____________________

课的任务：

1. 复习垫上猩猩爬、柔韧练习（分腿体前屈、并腿体前屈动作），提升学生的四肢协调能力和下肢后群肌肉、背肌的柔韧能力。

2. 复习并熟练完成蹦床叉腰跳，增强学生的空中平衡能力。

3. 在练习中培养学生正确的团队意识、遵守纪律听指挥。

部分	教学内容及要求	组织教法、练习量
开始部分（2分钟）	1. 整队，师生问好，教师宣布本课内容及要求 2. 检查服装、安全教育，安排见习生	组织：体育课队形（两列横队） × ▲ 要求： 1. 听到集合口令后迅速站队，快、静、齐，精神饱满 2. 见习生随堂听课并协助老师上课
准备部分（6分钟）	一、准备活动操 1. 肩部绕环运动 要领：两臂屈肘前后绕环 2. 腰部运动 要领：手叉腰，前后左右绕动 3. 手腕、和脚踝运动 要领：手腕脚腕关节环绕 4. 原地并腿跳加击掌 要领：并腿前后左右跳，5~8拍胸前击掌	组织：学生站成二列横队两臂间隔散开 × ▲ 教法： 1. 教师示范讲解要求 2. 每节练习4个8拍 （教师喊口令和学生呼应各4拍） 要求： 1. 准备活动充分，防止运动受伤 2. 与同学左右前后各保持两臂距离，防止碰撞到其他同学

续表

<table>
<tr><th>部分</th><th>教学内容及要求</th><th>组织教法、练习量</th></tr>
<tr><td rowspan="2">基本部分（30分钟）</td><td>（器械项目一）
一、垫上：猩猩爬
练习方法：练习者屈体俯撑在垫上，异手异脚交替支撑向前爬行约5米结束
要求：在爬行过程中可微屈膝屈肘关节，抬头看前进方向，手脚交替协调连贯，快速通过5米左右

安全提示：学生练习时分组布置保持间距，依次进行练习，不可打闹争抢，爬行时目视前方，微屈膝、屈肘缓冲，速度尽力就好不用过快，练习同学前后各保持两步距离，避免相互磕碰

二、柔韧练习：分腿体前屈、并腿体前屈
练习方法：
1. 分腿体前屈：分腿坐于垫上，上体前屈，双臂向前伸，胸腹部尽量贴近垫面
2. 并腿体前屈：分腿坐于垫上，上体前屈，双臂向前伸，胸腹部尽量贴近大腿
要求：体前屈时膝盖尽量伸直，双臂尽量前伸，胸腹尽量贴紧地面（或大腿）。</td><td>组织：将20个学生平均分为四组，成四路纵队，依次轮流往返练习动作（由任课老师带领学生至练习地点）
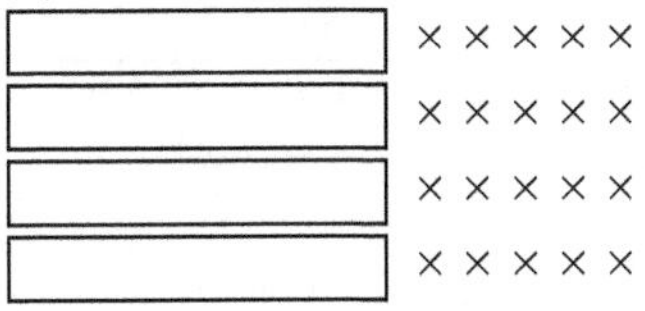
教法：
1. 教师讲解并示范
2. 教师组织学生分组进行练习1轮
3. 教师纠错并进行个别指导和鼓励学生
4. 教师组织两组学生再继续练习2~3轮

组织：　20个学生同时进行练习，完成动作
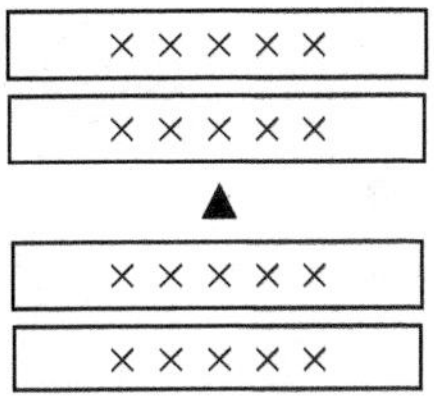
教法：
1. 教师讲解并进行示范
2. 教师组织学生分组进行练习1轮
3. 教师纠错并进行个别指导和鼓励学生
4. 教师组织两组学生继续练习3轮</td></tr>
<tr><td>（器械项目二）
蹦床：　叉腰跳
练习方法：站在蹦床上，两手叉腰。两膝微屈发力，身体保持正直，借助蹦床的弹性，连续跳起重复同样动作约30次，结束时双臂前平举微屈膝，站稳后侧平举站立结束

要求：在跳跃过程中注意保持距离，不能够跳到其他同学的场地，防止碰撞。摔倒时屈肘撑网，其他同学停止练习，等摔倒同学站好了再继续跳</td><td>组织：将20个学生平均分为两组，每个蹦床4个学生同时练习，其余的同学在地上做原地叉腰冰棍跳（约30次）
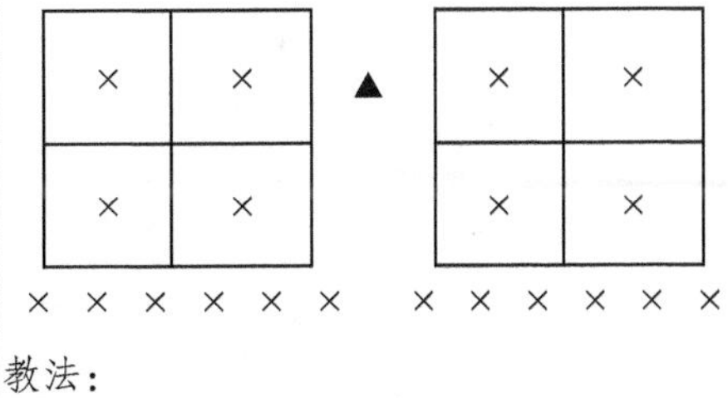
教法：
1. 教师讲解并进行示范
2. 教师组织学生分组进行练习2轮
3. 教师纠错并进行个别指导
4. 教师组织两组学生继续练习或比赛1轮</td></tr>
</table>

续表

部分	教学内容及要求	组织教法、练习量
结束（2分钟）	集合、整队 总结本堂课练习：师生互动，鼓励学生	组织： × ▲
场地器材	教师提前检查上课所用场地、器材：空地1块、垫子20块、蹦床2张	练习密度预计： 30% 运动心率预计： 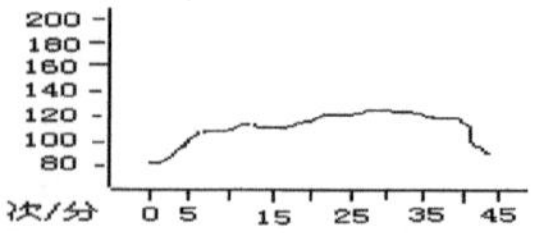 false
课后小结：		

教案范例二

课次________　　教师：________　　日期：________

课的任务：

1. 巩固课堂常规，组织纪律，使其意识到组织纪律性。

2. 学习跑跳，锻炼学生的下肢力量。

3. 学习平衡木动作，初步使学生掌握其动作。

部分	教学内容及要求	组织教法及练习量
准备部分 （10分钟）	一、课前准备 1. 集合整队、检查人数 2. 师生问好 3. 安全教育、检查服装 4. 宣布本次课的任务要求 二、准备活动 1. 头部运动 2. 扩胸运动 3. 振臂运动 4. 膝关节运动 5. 手腕脚踝 6. 地面上平衡木动作练习	集合队形密集 要求：听从指挥，认真练习 做操队形： 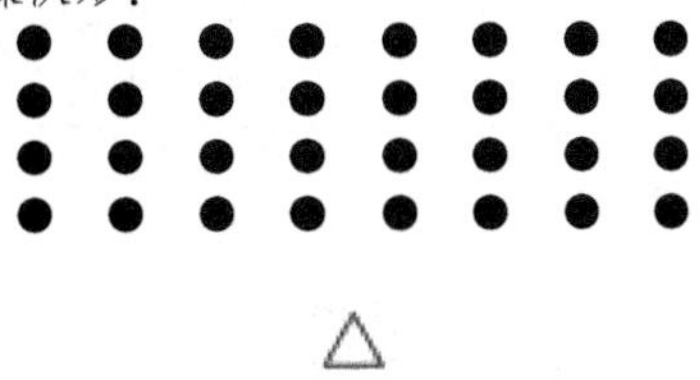
基本部分 （25分钟）	一、跑跳 助跑并腿起跳跃起俯卧高垫子90厘米，经坐撑跳下，站立亮相 练习目的：锻炼学生跑跳及空中控制能力，使学生掌握向高处跳及往低处下的方法技能 练习方法：助跑5米左右，跑至已摆放好的垫子前面（垫子高约90厘米，长约2米），并腿起跳跃起俯卧至高垫子上面，然后跪撑向前移动至垫子边缘经座撑并腿跳下	组织教法：把同学分成5组，每组8人定时进行交换 第一组练习仰卧起坐 第二组练习平衡木 第三组练习平衡木 第四组练习跑跳 第五组练习跑跳 组织队形示意： 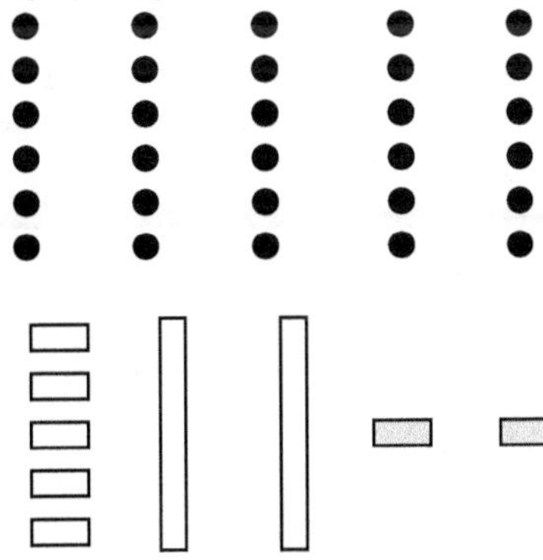

续表

部分	教学内容及要求	组织教法及练习量
基本部分（25分钟）	二、平衡木 踏上木前后脚站立，两臂侧平举起踵立2秒，经舞蹈三位手向左（或右）转体90°，侧并步至木端并腿跳下 练习目的：发展学生平衡能力及肢体配合协调能力 练习方法：练习者木端右（左）脚踏上，左（右）脚在前站立（前后脚），同时两臂侧平举，双脚提踵向右（左）转体90°，左（右）脚开始向侧一步，右（左）脚并拢左（右）脚，同时两臂侧平举走两步，两手叉腰走两步，以此反复直到走到另一端两脚并拢两臂侧平举，两臂经后向上带起同时并腿向前跳下经半蹲成站立，同时两臂侧上举结束 动作要点：要求练习者保持身体直立，保持平衡，每走一步都要腿伸直、绷脚尖，跳下屈膝半蹲，要有缓冲落地	练习要求与安全提示： 1. 要求学生跑跳时采用双腿起跳方式 2. 不要过分向前跃起，以免跃得太远而掉下垫子 3. 由于垫子较高，下垫子应采用由坐撑跳下的方式 4. 控制平衡木上学生之间的距离，前面一名同学走出4拍后下一名同学再上平衡木 5. 平衡木跳下处放置平整的垫子 6. 跳下动作要提示学生做好结束动作， 7. 禁止学生跳高、跳远
结束（5分钟）	1. 总结评价：总结本节课同学们的教学任务完成情况，做出积极评价 2. 收器械 要求：学生互相配合协助搬运器材、整理场地	队形： 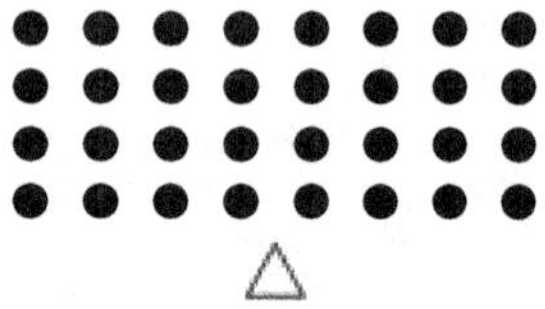
场地器材	操场1块、平衡木2个、小垫子10块、大垫子8块	练习密度预计： 30% 运动心率预计： 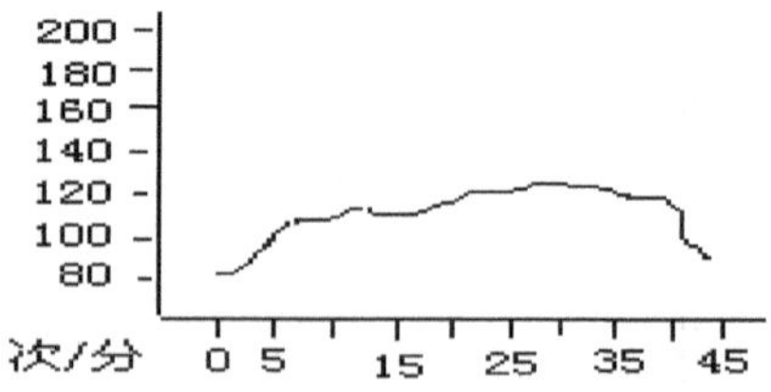

教案范例三

课次：______________　　　　日期：______________

课的任务：

1. 复习队列队形，使学生能够了解正确的身体姿势，并意识到组织纪律性。

2. 学习双杠上双臂支撑前摆分腿坐杠，再还原并腿支撑3次，发展上肢支撑推起的力量，以及身体协调用力的能力。

3. 学习平衡木上前踢腿到木端，团身跳下。发展学生平衡能力及肢体配合协调能力。

部分	教学内容及要求	组织教法及要求
准备部分 （10分钟）	一、课前准备 1. 集合整队、检查出勤情况 2. 师生问好 3. 安全教育 4. 宣布本次课的任务要求 5. 安排见习生 二、复习队列队形 1. 稍息与立正 2. 四面转法 3. 原地踏步走与立定 三、准备活动 1. 一般准备活动 （1）扩胸运动 （2）腹背运动 （3）弓步压腿 （4）活动手腕、脚踝 2. 专项准备活动 地面练习前踢腿约90° 动作要点：两臂保持侧平举，左脚向前一步，右腿向前踢起90°、落下脚尖点地，右脚向前一步，左腿向前踢起90°、落下脚尖点地，依次进行练习	一、组织队形 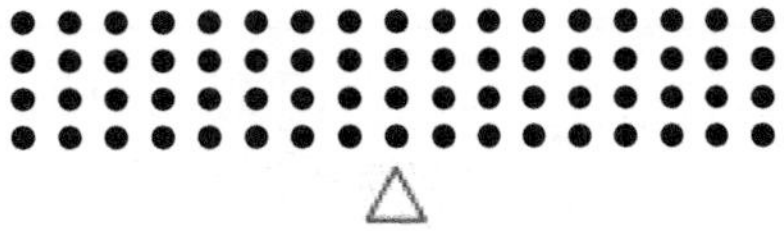 要求： 1. 学生要服从命令，听从指挥 2. 练习时学生注意力要集中，认真练习 三、组织队形： 以右翼排头为基准，两臂侧平举，成体操队形散开 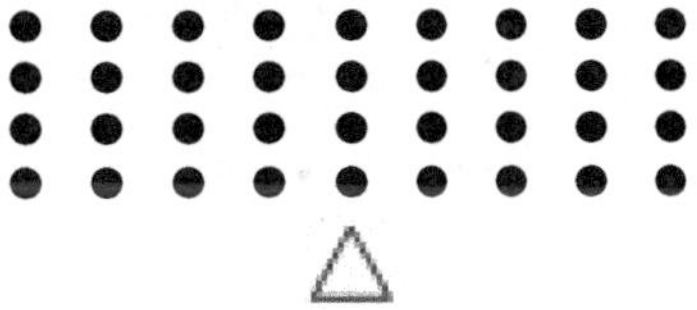 要求：练习时学生注意力要集中，跟随老师的节拍及动作进行练习

基本部分（25分钟）	1. 双杠上双臂支撑前摆分腿坐杠，再还原并腿支撑，反复交替进行三次 动作要点：两臂顶肩不能弯曲，两手在做动作中两腿要绷直 2. 平衡木向前踢腿约90°（左、右腿交换），到另一端团身跳下 练习方法： 练习者左脚踏上平衡木的一端，右脚在前站立（前后脚），两臂保持侧平举，左脚向前一步，右腿向前踢起90°后脚尖点地，右脚向前一步，左腿向前踢起90°后脚尖点地，直至到平衡木的另一端，双脚站立木端，双脚跳起，双腿屈膝，团身跳下经半蹲（两臂前下举）成站立，两臂经前至侧上举 动作要点：练习者保持身体直立，目视前方，余光看木，主力腿和踢腿要伸直，姿态优美，屈膝团身跳下时注意身体重心不能后仰，落地屈膝有缓冲	组织队形： 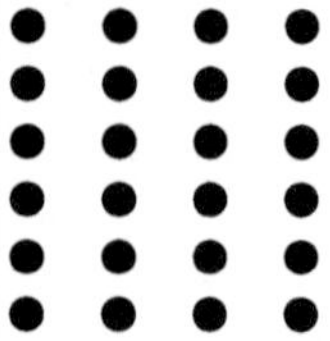 组织：分组练习、循环练习 把学生分成6组，每组6~7人，两组进行双杠练习，两组进行平衡木练习，两组进行仰卧起坐 教法步骤： 1. 教师示范，讲解动作要点及提出要求 2. 6个小组同时开始，学生依次在器械上练习。 3. 教师巡回指导，纠正错误 4. 练习双杠项目时学生之间要相互保护 5. 练习一段时间后各组交换项目
结束（5分钟）	1. 放松练习 2. 总结本节课同学们的教学任务完成情况，做出积极评价 3. 收器械	组织形式： 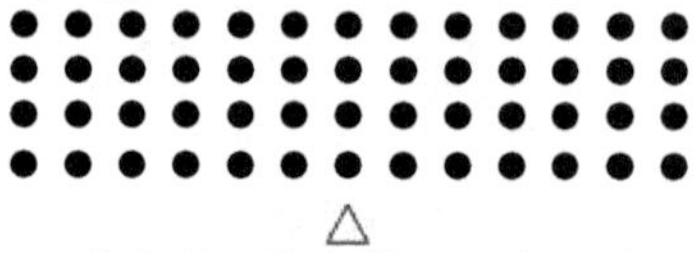 要求：学生要保持安静、认真听讲
器材	双杠2副、杠下保护垫2块、平衡木2副、落地垫2块、折叠垫8块	

课后小结：

参考文献

[1]快乐体操Logo介绍[EB/OL]. [2016-01-19]. http: //gymnastics.sport.org.cn/happy/introduction/2016-01-19/491239.html.

[2]没金牌压力，一切全凭兴趣[EB/OL]. [2016-01-19]. http: //gymnastics.sport.org.cn/happy/introduction/2016-01-19.

[3]“快乐体操”，能否开启运动员培养新模式[EB/OL]. [2014-10-11]. http: //news.hexun.com/2014-10-11.

[4]中日体操男团半世纪恩怨，中国苦练日本先“玩”[EB/OL]. [2015-10-29]. http: //sports.qq.com/a/20151029.

[6]中国体操队进入了最困难的时期？[EB/OL]. [2016-08-13]. http: //mt.sohu.com/20160813.

[7] 关于发布快乐体操俱乐部信息的通知[EB/OL]. [2016-01-19]. http: //gymnastics.sport.org.cn/happy/club/2016-01-19.

[8]国务院. 国务院关于加快发展体育产业促进体育消费的若干意见[Z]. 2014.

[9]贾志强.群众体育：我国体育发展的主旋律[J]. 北京体育大学学报，2015，38（1）：8-14.

[10]贵州榕江实施快乐体操进校园[EB/OL]. [2016-02-14]. http: //www.

zxlanqiu.com/xinwen/20160214.

[11]北京联合大学举办“高参小”体育教学工作展演[EB/OL]. [2016-01-16]. http：//news.163.com/16/0116/20.

[12]禅城设快乐体操推广实践基地[EB/OL]. [2016-03-01]. http：//gd.sina.com.cn/fs/2016-03-01.

[13]凌辉. 学校体操[M]. 北京：北京体育大学出版社，2012.

[14]2016年全国快乐体操比赛（北京站）竞赛规程和评分规则[Z]. 2016.

[15]肖光来.健美操[M]. 北京：人民体育出版社，2008.

[16]北京体育大学“高参小”体操课程教师工作手册[Z]. 2016.